揚げる　焼く

野菜のチップス
果実のチップス

藤田承紀

文化出版局

じゃがいもがあったら

揚げてみる

さぁできた

> 野菜や果実で
> チップスを作ってみませんか?

チップスは、老若男女が大好きな食べ物の一つだと思います。
食卓にあると、ついついつまんでしまう。けど、カロリーと油が……。

手作りのチップスは驚くほど軽く、たくさん食べても胃がもたれません。
良質なオイルを使えば油ぎれもよく、その味わいに驚きます。
お皿いっぱいに盛っておいても、あっという間になくなるほど。

もともと、さまざまな色彩を持つ野菜たちは、
それだけで絵になります。そのまま食べてもいいし、
料理に添えると楽しい食感と華やかな彩りを加えてくれます。

よく「野菜はどう調理したらいいの?」ときかれます。
チップスはシンプルな料理で、テクニックは必要ないけれど、
非常に奥が深く、切り方、品種、調理法によって味が大きく変わります。
繊維を断ち切る、残す。水にさらす、粉をまぶす。粉質、粘質。
低温、高温。フライにする? オーブンで焼く?
頭をひねって、それぞれの野菜に合ったベストなものを選びました。

僕は子供たちにダンスを教えていますが、
生徒の食事がスナックやでき合いのものであふれていることにショックを受け、
料理家を志しました。
既製品を悪だと決めつけているわけでは決してないけれど、
子供が手作りのものを食べられなくなってしまっていくことを、
悲しく思います。
手作りは実は意外と簡単で、とてもおいしい。
しかも、体にも、家計にも、やさしい。
多少失敗しても、みんなで笑って食べられるのも手作りのいいところです。
チップスがきっかけで手作りが始まって、
子供だけでなく大人も、笑顔でぽりぽりつまんでくれることを、
楽しみに願っています。

揚げる 焼く

野菜のチップス
果実のチップス

[CONTENTS]

PART 1　じゃがいものチップス ── フライ&ベイクド

基本のチップス　フライ ------ 08
手切り厚切りチップス　フライ ------ 12
波形スライサーで作るチップス2種
　　波形チップス、ワッフルチップス　フライ ------ 14
3種のカラフルチップス　フライ ------ 16
ベイクドチップス　アボカドゆずみそディップ　ベイクド ------ 20
ハーブサンドチップス　ベイクド ------ 22

PART 2　野菜のチップス ── フライ&ベイクド

紫玉ねぎとアスパラのチップス　ベイクド ------ 26
いろいろ野菜のチップス
　｜ラディッシュ、ゴーヤー、ガーリック、ごぼう、大根、
　｜にんじん、ブロッコリーとカリフラワーの茎　フライ ------ 30
ビーツのチップス　フライ ------ 34
れんこんのチップス、里芋のチップス　フライ ------ 36
さつまいもとかぼちゃのフライドチップス　フライ ------ 38
さつまいもとかぼちゃのベイクドチップス　ベイクド ------ 39

PART 3　フルーツのチップス —— ベイクド

いちごのチップス ベイクド ······ 48
いろいろフルーツのチップス
　キーウィフルーツ、バナナ、パイナップル、
　りんご、シトラス ベイクド ······ 50
フルーツチップスを使って
　リコッタパンケーキ バナナとりんごチップス添え ······ 54
　モッツァレッラチーズとフルーツのシトラスチップスのせ ······ 55
　ポークソテー キーウィチップスのせ ······ 56
　いちごチップスのせ クレソンのサラダ ······ 56

PART 4　フリット

ナチュラルカットのフレンチフライ フライ ······ 58
極細カットのフレンチフライ フライ ······ 60
シューストリングのハーブガーリックポテト フライ ······ 60
ストレートカットのフレンチフライ フライ ······ 61
まいたけのセモリナフライ フライ ······ 64
ズッキーニの花フリット フライ ······ 66
モッツァレッラチーズとオリーブのフリット フライ ······ 68
アランチーニ フライ ······ 70

チップスに使いたいじゃがいも図鑑 ······ 18
チップスを揚げる油のこと ······ 24
僕の畑のこと ······ 26
楽しみが広がるフレーバーソルト & シュガー ······ 42
おいしさが広がるディップ ······ 44
チップスに合わせるお酒のこと ······ 46

この本のきまり

- 計量の単位は、大さじ1＝15㎖、小さじ1＝5㎖です。
- オーブンは電気オーブンを使用しています。温度と焼き時間は、機種によって多少差が出る場合がありますので、お使いのオーブンに合わせて調整してください。
- チップスを揚げる油はエキストラバージンオリーブオイル、塩は天然塩を使っています。

PART 1
じゃがいものチップス
—— フライ&ベイクド

基本のチップス

基本のチップスの作り方

材料（作りやすい分量・直径 16cm の鍋 2 回分）

- じゃがいも（男爵やメークインなど）……適量（3 個くらい）
- 揚げ油……適量（じゃがいもが充分に浸るくらい）
- 塩……お好みで（かけなくてもおいしい）

※じゃがいもの種類については p.18 参照。

> チップスをカリッと軽やかに揚げる秘訣は、
> 「水気をよく取って、低温からじっくりと」。
> あせらず、あわてず、
> じゃがいもがじくじくと変化していくのを待つ。
> 気泡が小さく、静かになったら揚げ上がり。
> 熱いところを 1 枚。うまいじゃないか、おまえ！

作り方

1 切る

揚げむらができないよう、**同じ厚さに切る。**

じゃがいもの厚さは1mm（皮はむかなくてOK）。厚さを調節できるスライサーだと作業がらく。

> スライサーは手前に引くときにけっこう引っかかりやすいので、手裏剣の気分でスピーディに！

2 水にさらす

白くきれいに仕上げたければ、**よーく洗う。**

水を張ったボウルに入れ、5分ほど水にさらす。市販品のような白いチップスが好みなら、何度か水を替えてでんぷん質を洗い流す。

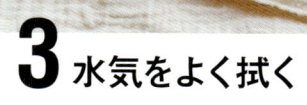

3 水気をよく拭く

水分が残っているとはねる原因に。**ふきんではさんで、水気を取って。**

ふきんの上にじゃがいもを並べ、上からもふきんをかぶせてよく水気を取る。

道具は

じゃがいもは包丁で切ってもいいが、均等な厚みに切るのは難しいので、スライサーがあると便利。慣れないうちは温度計でしっかり油の温度をはかると失敗がない。

鍋は厚手で口径の狭いものを

チップスはたっぷりの油で、じゃがいもが充分に油に浸った状態で揚げるのが大切。口径の広い鍋だと油が大量に必要になります。僕は、直径16cm程度の小さな鍋を使っています。じゃがいもを入れると一気に温度が下がるので、蓄熱効果が高い、厚手の鋳物の鍋がおすすめ。温度が下がりにくく、上手に揚がります。

4 揚げる

温度は160℃からスタート。0℃から始めたってOK。

じゃがいもが浮き上がりはじめてから3分程度、水分がとんでからりとするまで揚げる。

初めは重い感じだったじゃがいもが、箸でさわったときに、からりと乾いた感触になる。目で見て湿った感じがなくなっていればOK。

> 時間やじゃがいもの色より、箸でさわったときの感触で見極めるといいよ！

5 油をきって塩をふる

よく油をきったら塩をふる。**細かい粒がおすすめ。**

フレンチフライはうまみのある大粒なものが合うが、チップスはさらりとなじむ細かい粒の塩がおすすめ。

good! good!

茶色いのも失敗ではなし！チップスは「褐変（かっぺん）」がつきもの

低めの温度から揚げはじめたのにチップスが茶色くなるのは、「褐変（かっぺん）」という現象のため。でんぷん質が糖に変わり、茶色く色づいてしまうもので、焦げてしまったわけではないので大丈夫。でんぷん質が残っているほうが、じゃがいものおいしさは味わえる。見栄えを気にしないなら、じゃがいもは洗いすぎないようにして。

COLUMN

じゃがいもは低めの温度から揚げるのがコツ

じゃがいもチップスを高温で揚げると、じゃがいもが入った瞬間に液面がぶわっと上昇し、あふれてしまうことも。中の水分が抜けきらないうちに焦げてしまうので、カラッとしません。じゃがいもには「アミラーゼ」というでんぷん分解酵素が含まれていて、35～60℃で活性化します。そして、でんぷんが糖に変わるので、低めの温度から揚げると甘みが増します。

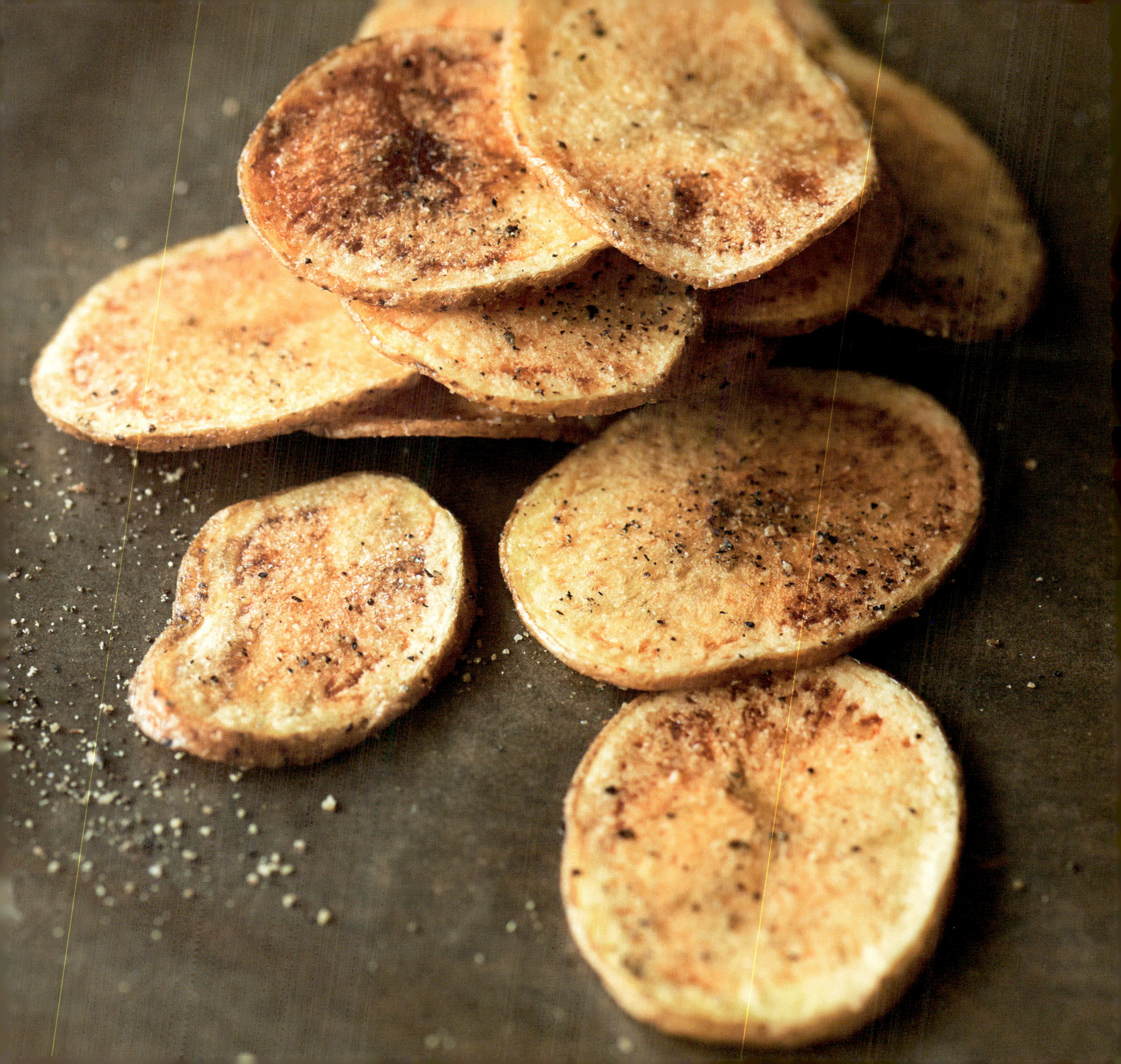

手切り厚切りチップス

[粗びき黒こしょう風味]

じっくり時間をかけて揚げた厚めのチップスは、
ガリッとするほどワイルドな味わい。
フレーバーも硬派に、粗びき黒こしょうでどうぞ。

材料(作りやすい分量・直径16cmの鍋2回分)

- じゃがいも (メークイン、ピルカなど) ……2個
- 揚げ油……適量
- フレーバーソルト (ブラックペッパーソルト) ……適量

※フレーバーソルトの作り方はp.42参照。

作り方

1. じゃがいもは包丁で3mm厚さに切る。ボウルにたっぷりの水を張り、じゃがいもを入れて5分ほどさらす。

2. 乾いたふきんの上にじゃがいもを並べ、上にもふきんをのせて水気をよく拭く。

3. 揚げ油を160℃に熱し、じゃがいもを入れる(2～3回に分けて揚げると温度が安定する)。箸でさわったときに軽く、乾いた状態になるまで揚げ、バットに上げて油をきる。

4. 紙袋に3のじゃがいもとフレーバーソルトを入れて振り、味をなじませる。

◀ フレーバーソルトはチップスと一緒に紙袋に入れて振ると、まんべんなくまぶせる。袋がなければ、チップスの20～30cm上から塩をふってもいい。

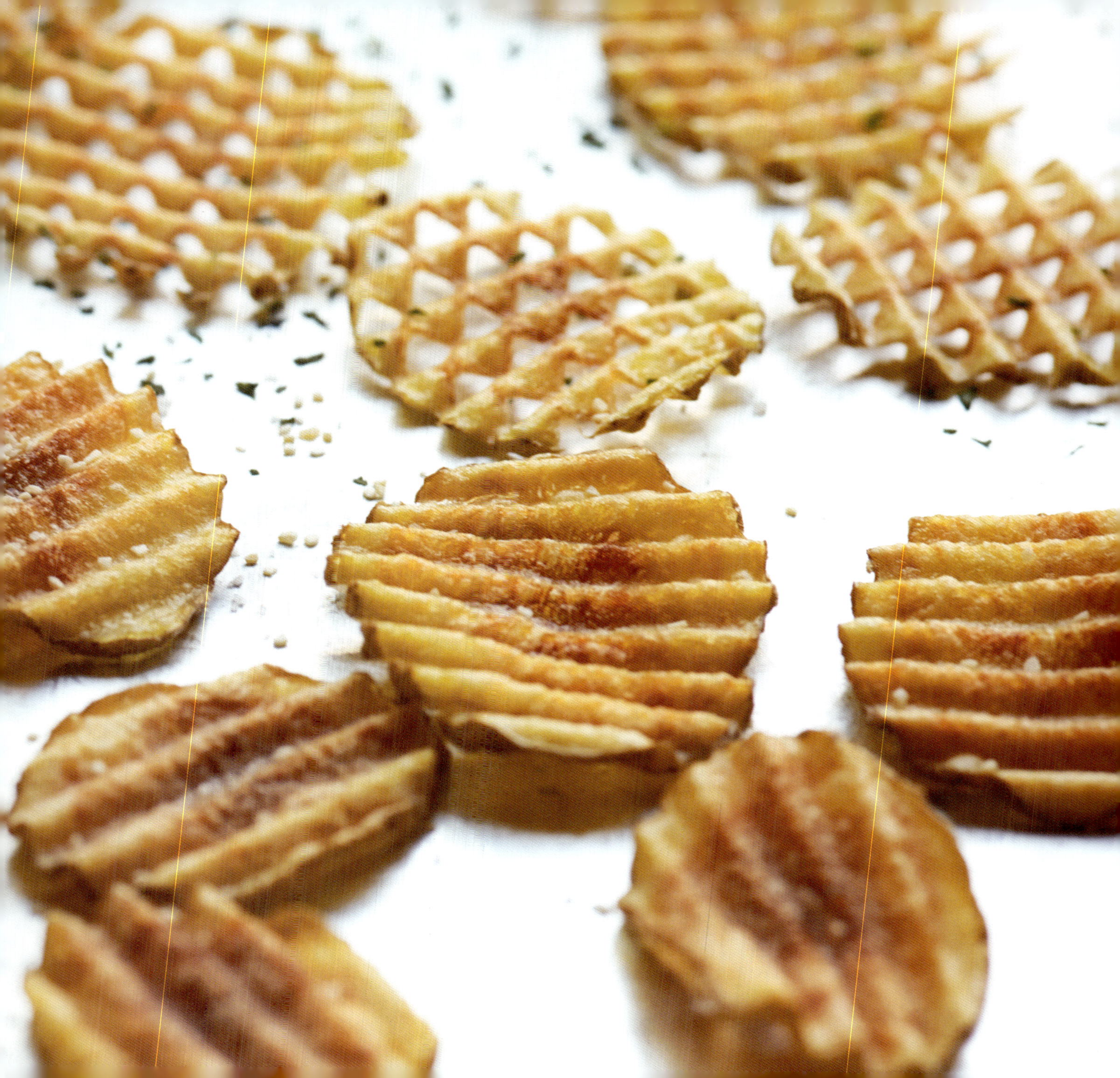

波形スライサーで作るチップス 2 種

チップスは波形やワッフル形にできるスライサーを使うと、また違った食感に。
見た目にも変化がついておもしろい。

波形チップス
[チーズ風味]

波形はやや厚めの仕上がり。
フレーバーがよくからんで、パンチのきいた味に。

材料（作りやすい分量・直径16cmの鍋2回分）

- じゃがいも（男爵やメークインなど）……3個
- 揚げ油……適量
- フレーバーソルト（チーズソルト）……適量

※フレーバーソルトの作り方はp.42参照。

ワッフルチップス
[パセリビネガー風味]

ワッフルチップスは、ホロッとくずれる繊細な食感。
やさしい歯ざわりを楽しんで。

材料（作りやすい分量・直径16cmの鍋2回分）

- じゃがいも（メークイン、ピルカなど）……3個
- 揚げ油……適量
- フレーバーソルト（パセリビネガー）……適量

※フレーバーソルトの作り方はp.42参照。
※ワッフルチップスはもろいので、でんぷん質が多いじゃがいもだと割れやすくなる。メークインなど、粘りのある種類のじゃがいもがおすすめ。じゃがいもの種類についてはp.18参照。

作り方

1 じゃがいもは波形スライサー、またはワッフルスライサーで3mm厚さに切る。ボウルにたっぷりの水を張り、じゃがいもを入れて5分ほどさらす。

2 乾いたふきんの上にじゃがいもを並べ、上にもふきんをのせて水気をよく拭く。

3 揚げ油を160℃に熱し、じゃがいもを入れる（2〜3回に分けて揚げると温度が安定する）。箸でさわったときに軽く、乾いた状態になるまで揚げ、バットに上げて油をきる。

4 紙袋に3のじゃがいもとフレーバーソルトを入れてふり、味をなじませる。

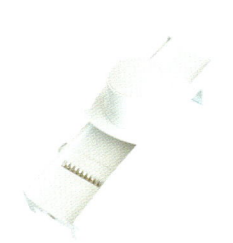

◀ 波形スライサー、ワッフルスライサーはそれぞれ各種市販されている。ここでは好みの刃につけ替えられるタイプのスライサーを使用。価格は1,000円くらいから。（写真の商品　NEW COOKDAYコンパクト三徳調理器／貝印）

3種のカラフルチップス

ピンク、紫、黄色のじゃがいもを使って。
それぞれに持ち味も微妙に違います。
味の差が楽しめるよう、まずは味つけなしで食べてみて!

材料（作りやすい分量・直径16cmの鍋それぞれ1回分）

- 黄色のじゃがいも（インカのめざめ）……1個
- 紫色のじゃがいも（シャドークイーン）……1個
- ピンクのじゃがいも（ノーザンルビー）……1個
- 揚げ油……適量
- 塩……お好みで

作り方

1. じゃがいもはスライサーで1mm厚さに切る。ボウルにたっぷりの水を張り、じゃがいもを入れて5分ほどさらす。

2. 乾いたふきんの上にじゃがいもを並べ、上にもふきんをのせて水気をよく拭く。

3. 揚げ油を160℃に熱し、じゃがいもを1個分ずつ入れる。箸でさわったときに軽く、乾いた状態になるまで揚げ、バットに上げて油をきる。残りも同様に揚げる。

4. 紙袋に3のじゃがいもと塩を入れて振り、味をなじませる。

COLUMN

カラーじゃがいもは買ってきてすぐに使って

さまざまな種類のじゃがいもが出回るようになりましたが、おなじみ男爵いもやメークインに比べ、芽が出やすいものがあります。通常、出荷までは低温保存しているので発芽しませんが、室温に置くと「休眠」から覚醒します。ここで紹介した「インカのめざめ」などは、覚醒までの時間が短いので、男爵いもと同じ感覚で保存しているとびっくりすることも。買ってきたら冷蔵保存し、日をおかずに使いきるのがおすすめ。日に当たって緑色になってしまったら、毒性があるので変色部分を切り落として使いましょう。

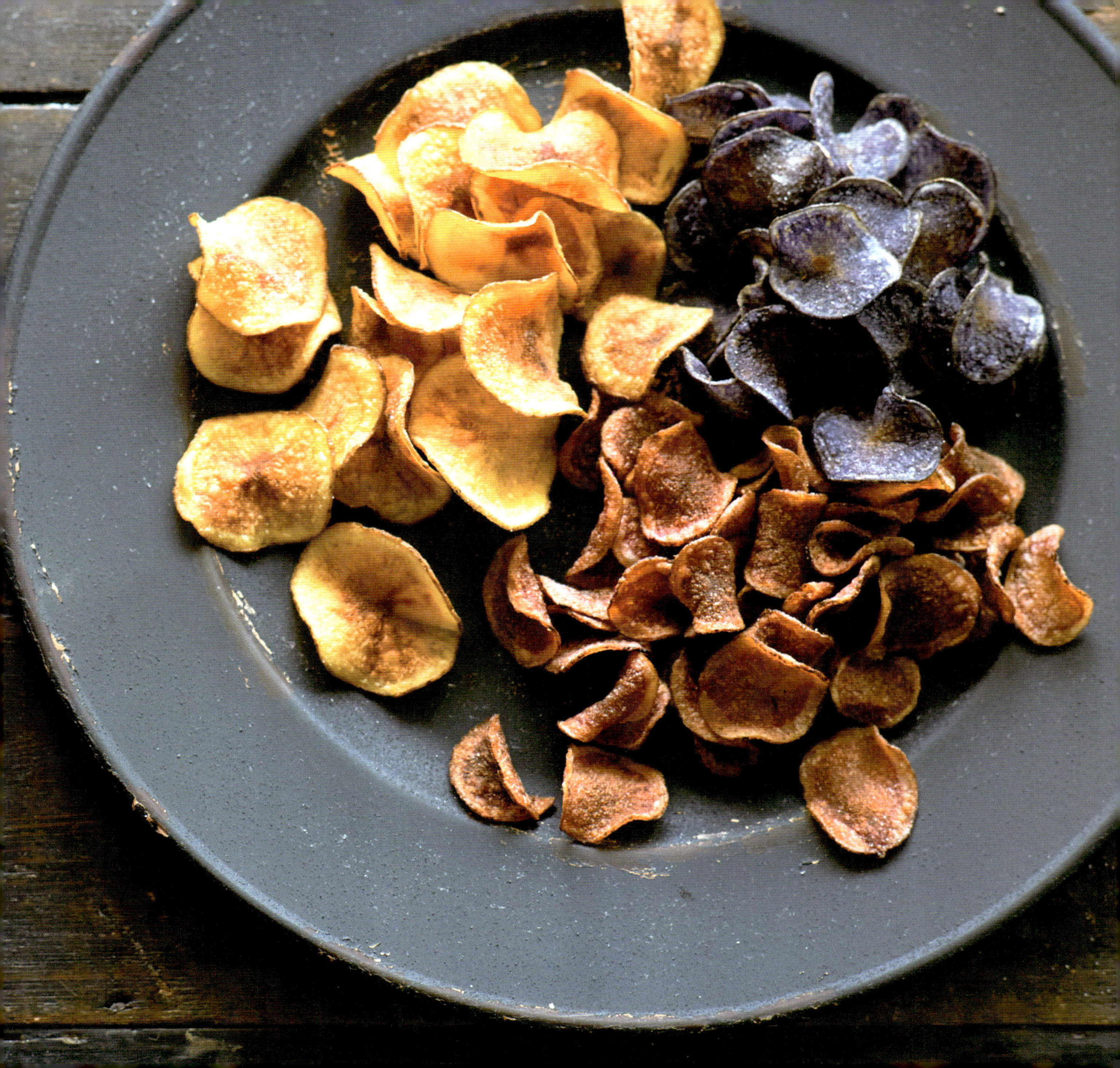

食感の特徴別

チップスに使いたい
じゃがいも図鑑

ほくほく、ほくほくだけどむっちり、かりかり。
チップスやフレンチフライは、
使うじゃがいもによって本当に味わいが変わる。
「今日はどれにしよう？」気分に合わせて選ぶのも楽しみ。

フレンチフライ（太め）向き

ほくほく（粉質） ← 食感の度合い

男爵

キタアカリ

とろける粉感

粉質のじゃがいもで、ピカイチのほくほく感。煮くずれるので、ゆでたり煮るのには不向きだが、揚げると本領発揮。あつあつを食べると、口の中でとろけるほど。

インカのめざめ

栗のような色と味

美しい色と、ほっくりとした甘さは栗のよう。味のよさで人気の品種。調理しても色があせず、濃い黄色を保つので、お菓子作りなどにも使われる。

北海黄金（ほっかいこがね）

ほくほくだけどくずれず

フレンチフライのために開発された品種。形がよく、ペクチンを多く含み、ほくほくなのに煮くずれないという特性が。甘みもあって、じゃがいものおいしさを堪能できる。

> **COLUMN**
> **チップスには糖度が低い新じゃがいもがおすすめ**
>
> じゃがいもは収穫後、貯蔵しているうちにでんぷん質が糖化して、うまみが増えていきます。でも、糖化が進むと褐変（茶色く変色）もしやすくなるので、チップスには新じゃがや、収穫してすぐのじゃがいもが適しています。

チップス（薄め）、フレンチフライ（細め）向き

かりかり（粘質）

メークイン

シャドークイーン

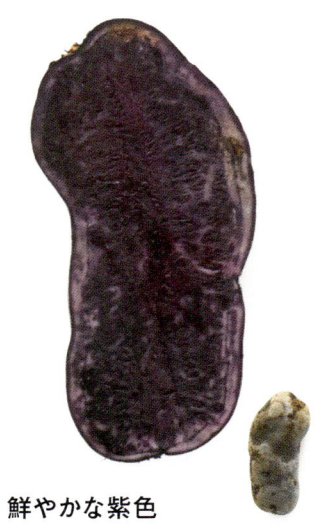

鮮やかな紫色

鮮やかな紫色が特徴。この色素には「アントシアニン」というポリフェノールの一種が含まれていて、含有量はブルーベリー以上。じゃがいもとさつまいもの中間のような食感。

ピルカ

姿も色も優等生

形がよく、煮くずれや変色が少ないので、「次世代のじゃがいも」として注目されている。きめの細かい肉質で、チップスや極細のフライにすると、さくさくクリスピー。

ノーザンルビー

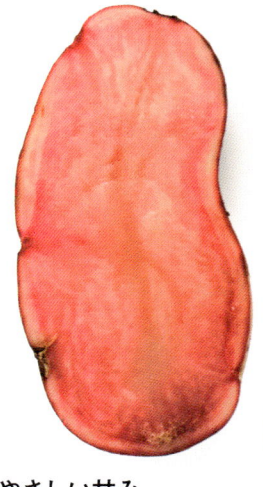

やさしい甘み

ピンクのじゃがいもは加熱調理すると色が退色しやすい品種が多いが、愛らしいピンク色が残るので人気。ほんのりしたやさしい甘みがあるので、サラダやポタージュにしても。

ベイクドチップス
アボカドゆずみそディップ

チップスは、オーブンで焼いても作れます。
ベイクドチップスはぱりっと感がアップ。
軽くてさっぱりしているので、
濃厚なディップともよく合います。

材料（作りやすい分量・40×30cmの天板1枚分）

- じゃがいも（メークイン、ピルカなど）……1〜2個
- 塩……適量
- アボカドゆずみそディップ……適量
    - アボカド（充分に熟したもの）……1個
    - 玉ねぎ（横に4等分してさっとゆでたもの）……1/2個分
    - みそ、しょうゆ……各小さじ1
    - 塩……小さじ1/8
    - ゆずのしぼり汁……小さじ1

作り方

1 じゃがいもはスライサーで1mm厚さに切る。ボウルにたっぷりのぬるま湯を張り、じゃがいもを入れて5分ほどさらす。

2 乾いたふきんの上にじゃがいもを並べ、上にもふきんをのせて水気をよく拭く。オーブンを180℃に温めはじめる。

3 天板にオーブンシートを敷き、じゃがいもを並べる。全体に塩をふり、オーブンに入れて8分焼く。

4 天板を一度取り出し、じゃがいもの中心部をさわってみて湿った感じがしたら、再びオーブンに入れて様子を見ながら2分ほど加熱する。じゃがいもが薄く色づき、中心部が乾いていたら取り出す。焼き網の上にとってそのまま冷ます。

5 ディップを作る。アボカドはぐるりと切り目を入れて二つに割り、種を取ってスプーンで中身を取り出す。ボウルに入れてフォークの背などでつぶし、そのほかの材料を加えてなめらかになるまで混ぜ合わせる。

6 チップスを器に盛り、ディップを添える。

◀ オーブンシートはシリコン製のものがおすすめ。適度な重さがあるのでめくれ上がらず、洗って何度も使える。（写真の商品 CAKE・MATE シリコーンクッキングシート／貝印）

MEMO

ベイクドチップスは油分が少ないので、塩を直接ふると塩辛く感じる。先に味つけするほうが、味がとがらず、全体に味がつく。

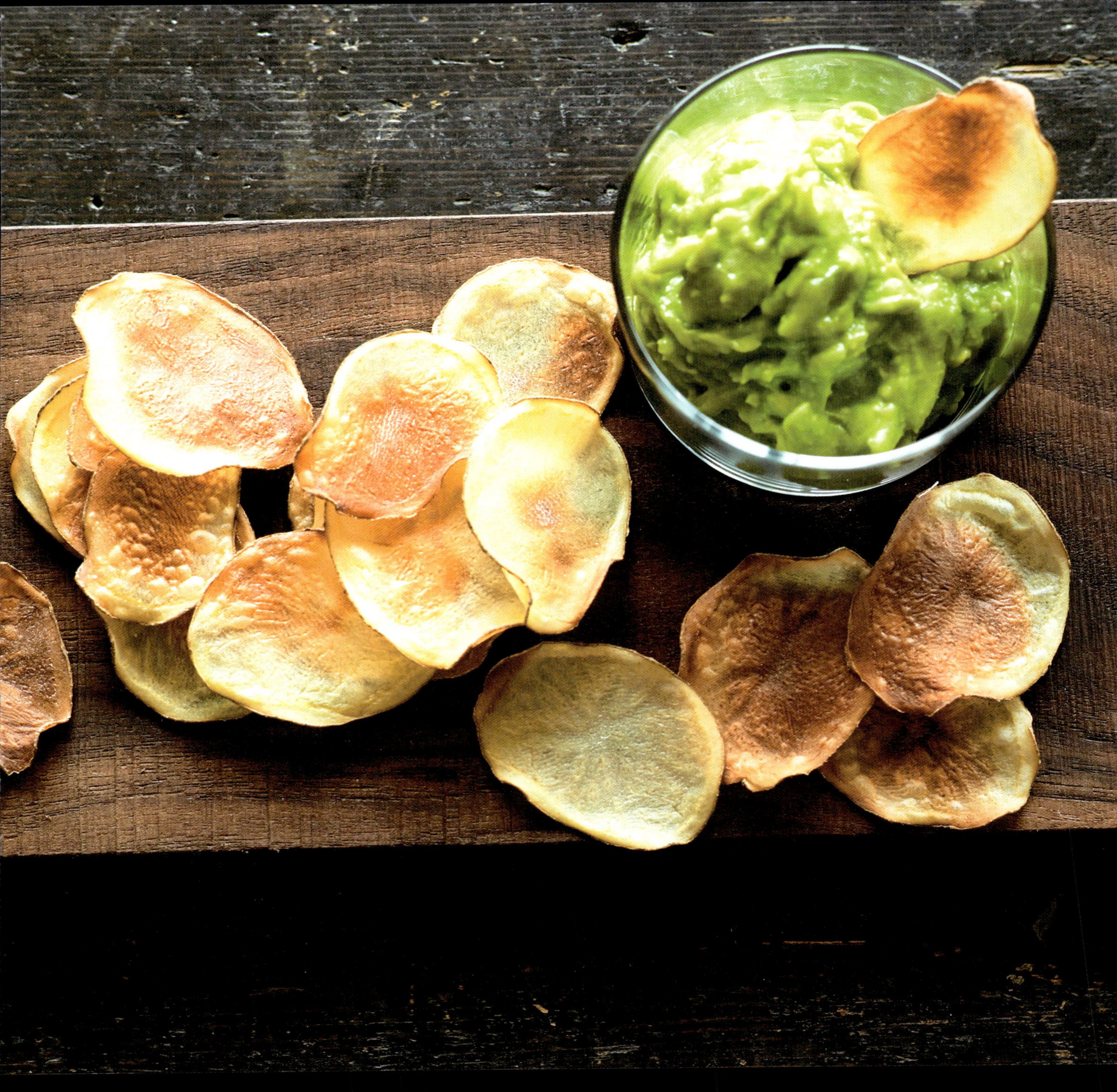

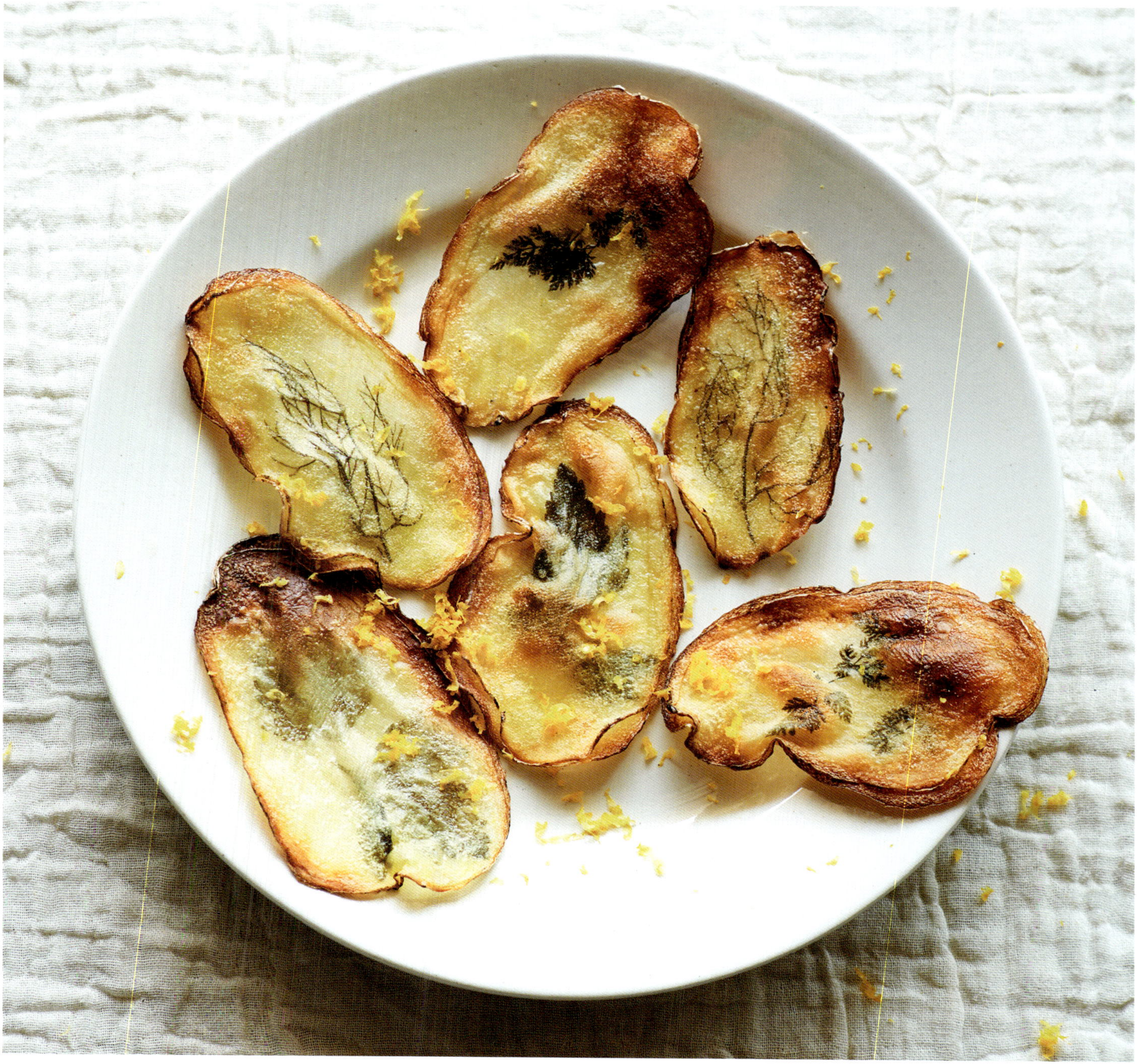

ハーブサンドチップス

[シトラスフレーバー]

「どうやって作ったの？」と盛り上がること請合い。じゃがいもの間にハーブをはさんで焼き上げます。

材料（作りやすい分量・40×30cmの天板1枚分）

- じゃがいも（メークイン、ピルカなど）……2個
- 塩……適量
- 好みのハーブ（ここではセルフイユ、フェンネルを使用）……適量
- 柑橘の皮のすりおろし……少々

作り方

1 じゃがいもはスライサーで1mm厚さに切る。ボウルにたっぷりのぬるま湯を張り、じゃがいもを入れて5分ほどさらす。

2 乾いたふきんの上にじゃがいもを並べ、上にもふきんをのせて水気をよく拭く。オーブンを180℃に温めはじめる。

3 天板にシリコン製のオーブンシートを敷き、じゃがいもの半量を並べる。それぞれにハーブをちぎってのせ、もう1枚のじゃがいもをぴったり重ねてのせる。全体に塩をふり、上からもう1枚のシリコン製のオーブンシートをかぶせ、オーブンに入れて15分焼く。シリコンシートがなければ、耐熱性のバットや皿をのせる。

4 天板を一度取り出し、かぶせたシリコン製のオーブンシートをはずす。じゃがいもの上下を返し、再びオーブンに入れて様子を見ながら10分ほど加熱する。じゃがいもが薄く色づき、中心部をさわってみて乾いた状態になったら取り出す。

5 器に盛り、柑橘の皮をふる。

COLUMN

ベイクドチップスのじゃがいもは湯にさらして

ベイクドチップスのじゃがいもは、水でなく40℃くらいの湯にさらします。水だとオーブン庫内との温度差が大きくなり、縁が反り返りやすくなります。

焼いているうちに、ややふくらんではがれやすくなるので、重しをして焼く。仕上げはシートをはずして焼き色をつけて。

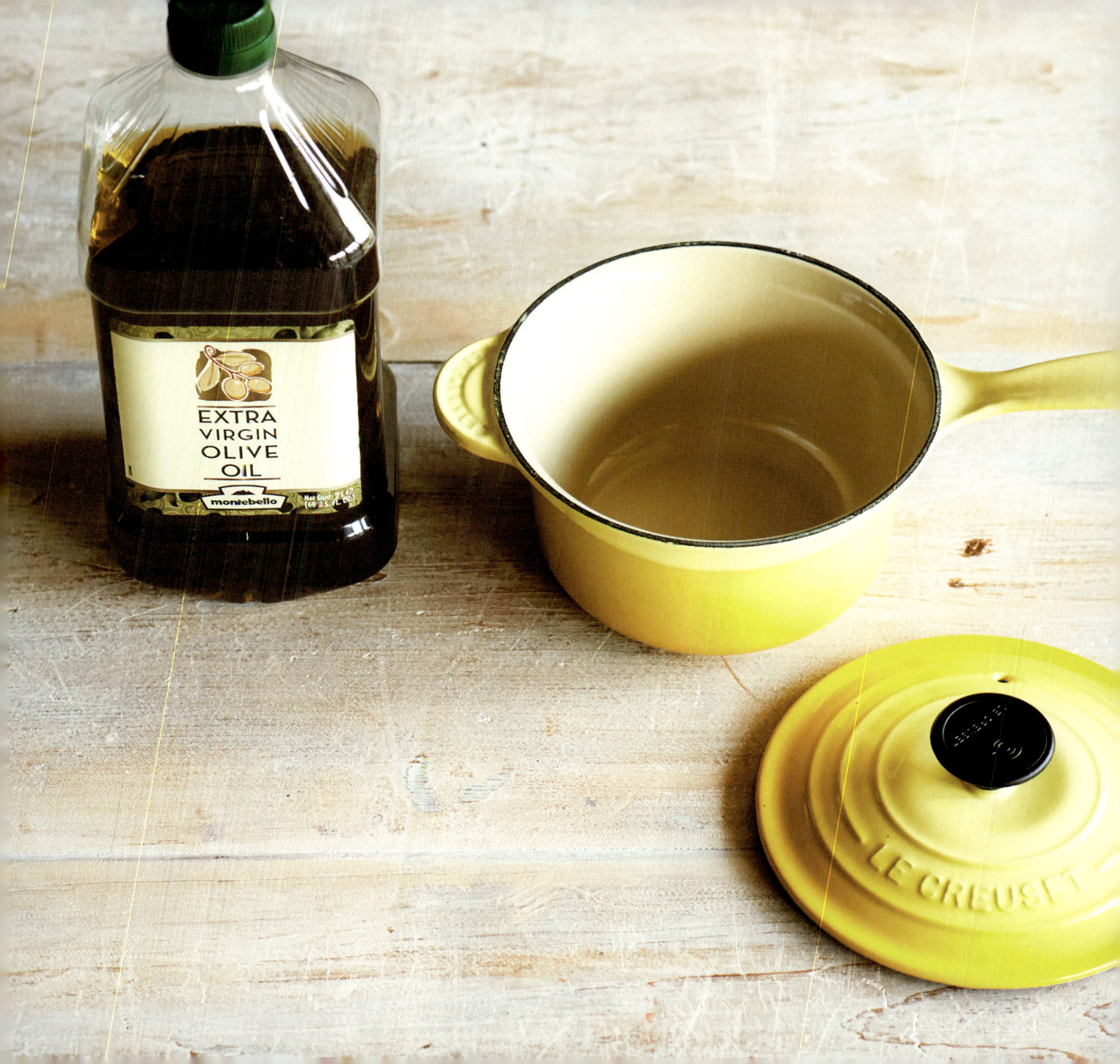
EXTRA
VIRGIN
OLIVE
OIL
LE CREUSET

チップスを揚げる油のこと

チップスやフリットを揚げるのは、
エキストラバージンオリーブオイルが断然いい。
安価な油ではないのでちょっとためらうけれど、
食べたときのうまさにも驚くはず。

油のきれがよく、いもにしみ込みにくい
エキストラバージンオイルがおすすめ

この本では、揚げ油にエキストラバージンオリーブオイルを使用しています。オリーブオイルは熱による酸化が少なく、揚げたあとにも、においやクセが発生しにくいのが特徴。素材に早く熱を伝える性質もあり、素材の内部に浸透しにくいので、からっと揚がります（僕は最初の香りやコクが好きで、エキストラバージンオイルを使いますが、エキストラバージンオイルの風味はとびやすいので、ピュアオリーブオイルを使っても同じように軽く揚がります）。

世界随一のオリーブオイルの生産地として知られる、イタリア・ウンブリア州スポレートで製造される。風味豊かで軽やか。

モンテベッロ エキストラ・
ヴァージン・
オリーブオイル
2ℓ　2,057円

※500ml、1ℓボトルあり。

＊ 油の特徴

コクあり ←　　　　　　　　中間　　　　　　　　→ さっぱり

- エキストラバージンオリーブオイル
- ごま油
- くるみオイル

- なたね油
- 太白ごま油

- ひまわり油
- 綿実油
- ピュアオリーブオイル
- グレープシードオイル

僕の畑のこと

今日の畑はどんなぐあいかな。
朝起きて考えるのは、育てている作物のこと。
4年前から始めた、自然農法、有機農法の畑作り。
今では約300坪、年間130種類余りの野菜を作っている。
畑を始めた頃、種をまいては虫に食べられ、
芽が出てもうまく育たずと、失敗ばかり。
それでも少しずつ自分で栽培ができるようになっていき、1年後、
近くの直売所で初めて売れたズッキーニは、80円。
その小銭はずっしりと重く、喜びをかみしめたのを覚えている。
豆にたくさんつくアブラムシ対策には、麦。
豆よりも少し早く育つ麦を隣に植えておくと、いち早くテントウムシが集まり、
豆につくアブラムシを退治してくれる。
大豆は土壌を豊かにし、ねぎやハーブは防虫対策にもなる。
育てる野菜の組み合わせで、伸びやかに作物が育つのがおもしろい。
えんどう豆は、豆だけでなく葉や花も甘いこと。
ぽきんと折ると、したたるほどの水分をたたえたきゅうり。
毎日が発見で、おいしさとの出会いだ。

おっ、ここ数日で
大きくなったなあ

今日の収穫！
うまいんですよ〜

PART 2
野菜のチップス
―― フライ&ベイクド

紫玉ねぎとアスパラのチップス

甘みやうまみだけでなく、
それぞれの香りも封じ込めたようなチップス。
ベイクドチップスは形がきれいに残るのもお楽しみ。

作り方 p.32

いろいろ野菜のチップス

ラディッシュのチップス
—
ほんのり甘く、サクサク軽やか。

➡ 作り方 p.32

ゴーヤーのチップス
—
揚げると苦みがマイルドに。

➡ 作り方 p.32

ガーリックのチップス
—
からりと揚げたにんにくは、料理に限らず、おつまみにも。

➡ 作り方 p.32

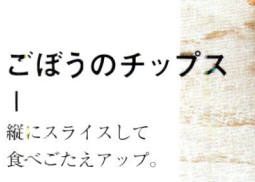

ごぼうのチップス
—
縦にスライスして食べごたえアップ。

➡ 作り方 p.32

大根のチップス

うまみ濃縮、驚きのおいしさ。
気長に揚げて。

➡ 作り方 p.32

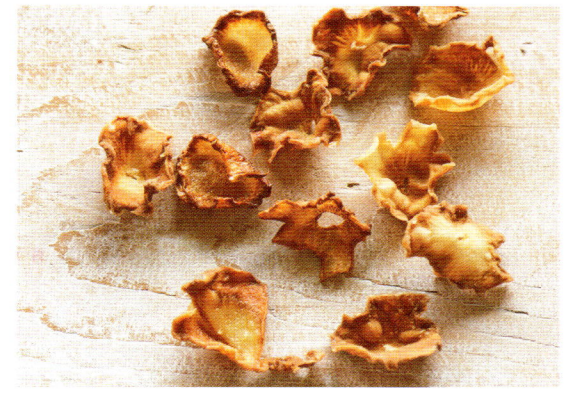

カリフラワーの茎のチップス

香ばしさは格別。
甘みも立ってくる。

➡ 作り方 p.32

にんじんのチップス

赤、黄色、黒と、
色とりどりにするときれい。

➡ 作り方 p.32

ブロッコリーの茎のチップス

茎は栄養価が高いので
ぜひ食べたい。

➡ 作り方 p.32

野菜のチップスの作り方

基本的に作り方はじゃがいものチップスと同じ。オーブンで焼いたやつは、**軽いのにコクがあって、止まらない。**いろいろ作って食卓に出すと、「これなあに」って盛り上がります。今日はどの野菜で作ろうか。

ベイクドチップス

低温で焼くだけ。
いも以外は
水にさらす必要なし。

フライドチップス

揚げて縮みやすいものは
薄力粉をまぶして揚げる。

紫玉ねぎとアスパラガスのチップス

材料（作りやすい分量・40×30cmの天板1枚分）

- 紫玉ねぎ……小1個
- グリーンアスパラガス……2本
- 塩……お好みで

＊下準備　紫玉ねぎは皮をむいてから、アスパラガスとともにスライサーで1mm厚さに切る。
・オーブンを130℃に温めはじめる。

作り方

1 天板にオーブンシートを敷き、玉ねぎとアスパラを並べる。塩少々をふってオーブンに入れて10〜20分焼き、取り出して上下を返して様子を見ながら再び10〜20分加熱する。

2 さわってみて乾いた状態になったら取り出し、焼き網の上にとってそのまま冷ます。器に盛り、好みで塩をふる。

いろいろ野菜のチップス

材料

- 下準備した野菜……適量
- 揚げ油……適量
- 薄力粉……大さじ1〜2
- 塩……お好みで

※野菜の下準備については右ページ参照。

作り方

1 野菜はポリ袋に入れて薄力粉を加え、空気を吹き込んで袋の口を閉じ、上下に振って粉を全体にまぶす。

2 揚げ油を160℃に熱し、野菜が浮き上がり、乾いた状態になるまで揚げる。バットに上げてよく油をきり、好みで塩をふる。

野菜のフライドチップスの材料

にんじんのチップス
- にんじん（金時にんじん、黄にんじん、黒にんじん）……各1〜2本

 =下準備　5mm厚さの薄切りにし、水気が出ていたらふきんで拭き取る。
 MEMO　シナモンシュガーをふり、甘く仕上げてもおいしい。

ゴーヤーのチップス　粉をまぶす
- ゴーヤー……1/2本

 ＊下準備　縦に切り目を入れ、種とわたを取って1mm幅に切る。塩少々をふって5分ほどおき、ふきんの上に取り出して水気をよく拭く。

ガーリックのチップス
- にんにく……大3〜4かけ

 =下準備　1mm厚さに切ってざるに重ならないように並べ、半日ほど干す。
 MEMO　低温で色づくまで揚げ焼きにして料理に使う方法が一般的だが、天日干しすると、軽さが出てチップスらしい味わいに。

ブロッコリーとカリフラワーの茎のチップス　粉をまぶす
- ブロッコリーやカリフラワーの茎……1個分

 ＊下準備　皮を厚めにむいて1mm幅の薄切りにする。水気が出ていたらふきんで拭き取る。

ごぼうのチップス　粉をまぶす
- ごぼう（太めのもの）……1/3本

 ＊下準備　縦に1mm厚さの薄切りにする。
 MEMO　揚げるとアクがやわらぐので、水にさらさないでOK。

ラディッシュのチップス　粉をまぶす
- ラディッシュ……5個

 ＊下準備　葉を切り落とし、1mm幅の薄切りにする。水気が出ていたらふきんで拭き取る。

大根のチップス　粉をまぶす
- 大根（細めのもの）……1/4本

 ＊下準備　3cm角、1mm厚さの薄切りにし、ふきんに包んで水気をよく拭き取る。
 MEMO　水分が多めなので、じっくり揚げる。チリペッパーソルトや七味唐辛子と好相性。

POINT 1　薄力粉をまぶす
薄くむらなくまぶすには、**粉と材料をポリ袋に入れて、空気を吹き込んでシャカシャカ。**材料に水気が残っていると、薄力粉が厚くつき、歯ざわりが悪くなる。水分が多いものは切ったあと、水気を拭き取ってから粉をつける。

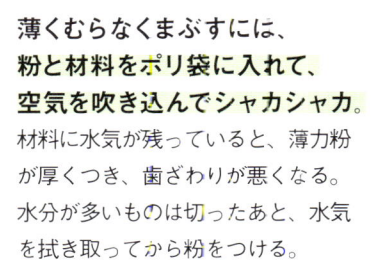

POINT 2　揚げる
160℃からスタート。温度が上がりすぎないよう、火加減に注意。温度が高くなりすぎると水分が残り、カリッとしないので注意。

ビーツのチップス

色の美しさに目が奪われるビーツ。
ひらひらと花びらのように揚がります。

材料(作りやすい分量・直径16cmの鍋2回分)

- ビーツ(赤、黄) …… 各1/2～1個
- 揚げ油 …… 適量
- 塩 …… 適量

作り方

1. ビーツはスライサーで1mm厚さの薄切りにし、ペーパータオルに包んで水気をよく拭き取る。

2. 揚げ油を160℃に熱し、ビーツを入れる。浮き上がり、乾いた状態になるまで揚げ、バットに上げてよく油をきり、塩をふる。

MEMO

ビーツは糖度が高く、焦げやすいので低めの温度で揚げはじめる。赤いビーツは色づきはじめると一気に茶色くなるので、こまめに様子を見て。切ると赤い汁が出るので、水気はふきんよりペーパータオルで拭き取るほうが安心。

◄ ビーツはロシア料理「ボルシチ」に欠かせない野菜。地中海原産で、砂糖の原料となる「甜菜」の仲間で、糖度の高さが特徴。輪切りにすると年輪のような模様が現われる。黄色いビーツもあり。

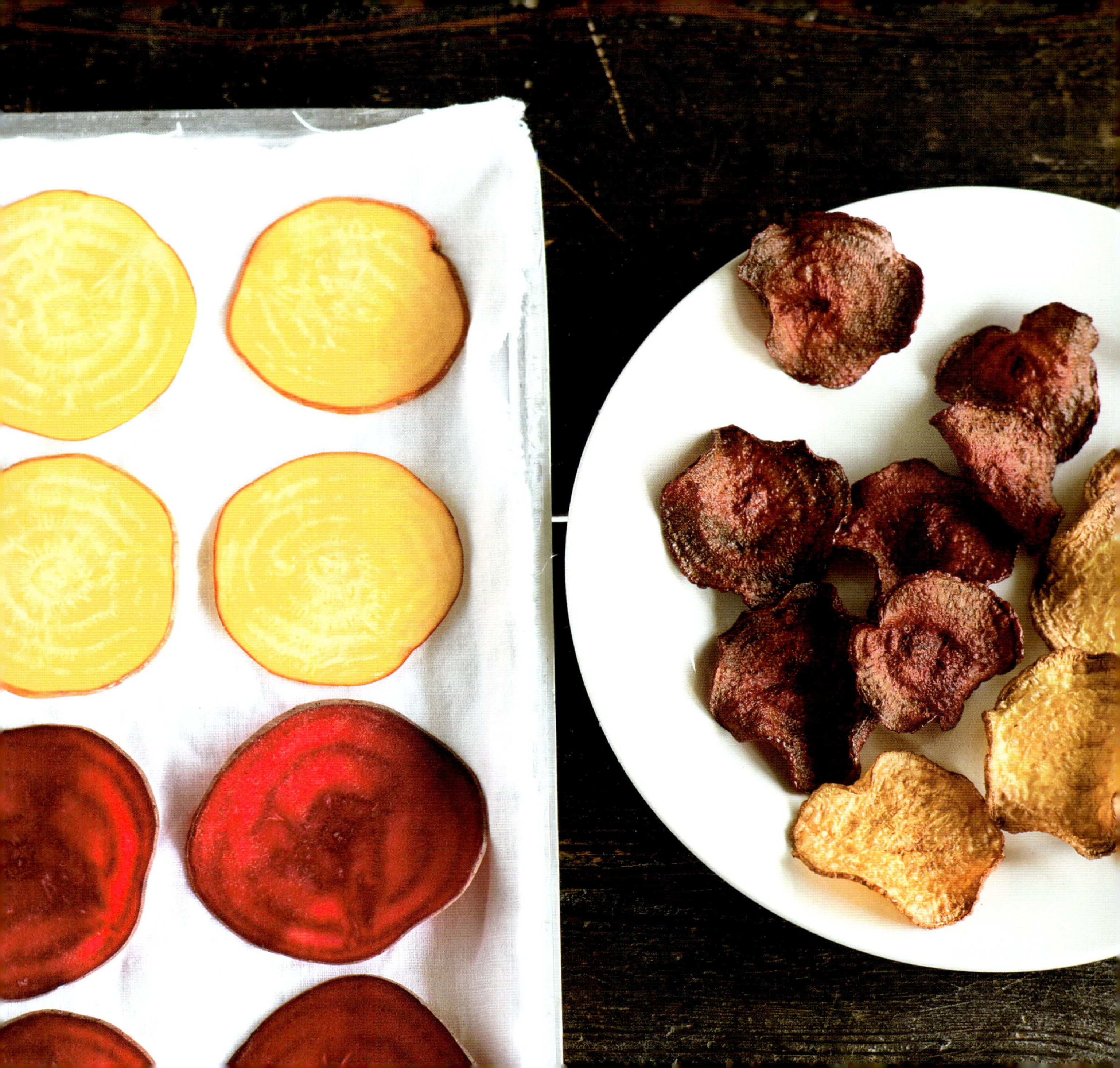

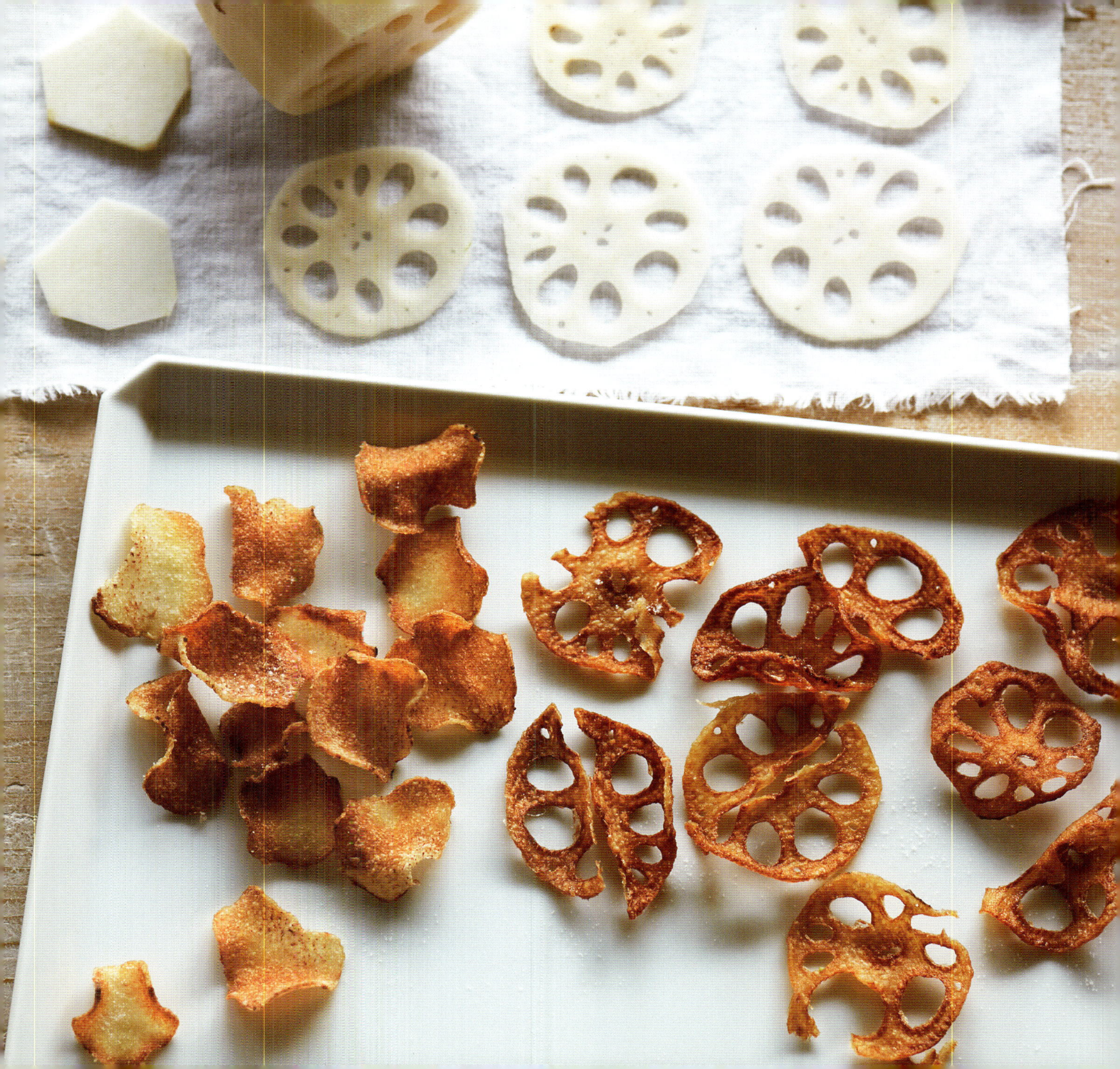

れんこんのチップス

極薄でかりかりか、厚めでむっちりか、厚みによって味わいが変化。カリッとした歯ごたえの奥から、うまみや甘みが立ち上ります。

材料（作りやすい分量・直径16cmの鍋1回分）

- れんこん …… 小1節
- 揚げ油 …… 適量
- 塩 …… 適量

作り方

1. れんこんはスライサーで1〜3mm厚さの薄切りにする。ボウルにたっぷりの水を張り、れんこんを入れてさっと洗う。
2. 乾いたふきんの上にれんこんを並べ、上にもふきんをのせて水気をよく拭く。
3. 揚げ油を160℃に熱し、れんこんを入れる。浮き上がり、乾いた状態になるまで揚げ、バットに上げてよく油をきり、塩をふる。

里芋のチップス

じゃがいもでできるなら、里芋でもいけるかな？試してみたら、大当たり。どこかなつかしい味。

材料（作りやすい分量・直径16cmの鍋1回分）

- 里芋 …… 3〜4個
- 揚げ油 …… 適量
- 塩 …… 適量

作り方

1. 里芋は包丁の背などで皮をこそげ、スライサーで1〜3mm厚さの薄切りにする。水気が出ていたらふきんで拭き取る。
2. 揚げ油を160℃に熱し、里芋を入れる。浮き上がり、縁が反るくらい乾いた状態になるまで揚げ、バットに上げてよく油をきり、塩をふる。

MEMO

煮るときは水で洗ったり、塩でこすってぬめりを取るが、揚げるときは下ごしらえは不要。水にさらすとかえってぬめりが出るのでそのまま揚げて。

さつまいもの
フライドチップス
—
自然な甘みがあとを引きます。
だれもが喜ぶ、王道のおいしさ。

➡ 作り方 p.40

かぼちゃの
フライドチップス
—
おやつにも、おつまみにも
いい、コクのある味。

➡ 作り方 p.40

さつまいもの
ベイクドチップス
―

焼いたさつまいもやかぼちゃは、
ちょっと土っぽいような風味。
ひなたのような香りで、
やめられない、止まらない。

▶ 作り方 p.41

かぼちゃの
ベイクドチップス
―

フライのチップスより、
甘みしっかり、ぱりっと美味。

▶ 作り方 p.41

さつまいもとかぼちゃの
フライドチップス

材料(作りやすい分量・直径16cmの鍋2回分)

- さつまいも …… 小1本
- かぼちゃ …… 小1/8〜1/6個(正味)
- 揚げ油 …… 適量
- 塩 …… 適量

作り方

1 さつまいもとかぼちゃはスライサーで5mm厚さの薄切りにする。ボウルにたっぷりの水を張り、さつまいもを入れて5分ほどさらす。

2 乾いたふきんの上にさつまいもを並べ、上にもふきんをのせて水気をよく拭く。かぼちゃは水気が出ていたらふきんで拭き取る。

3 揚げ油を160℃に熱し、さつまいもを入れる。浮き上がり、乾いた状態になるまで揚げ、バットに上げてよく油をきり、塩をふる。かぼちゃも同様に作る。

COLUMN

野菜の切り方は

じゃがいもやさつまいも、里芋、れんこんといった、身が詰まっていて粘りがあり、糖度が高めの野菜は、繊維を断ち切るように切ります。対して大根、ビーツ、ラディッシュ、にんじん、ごぼうなど水分が蒸発して縮みやすい野菜や、油を吸いやすいもの、小さい野菜は繊維と同じ向きに切ると、歯ざわりのいいチップスになります。

さつまいもとかぼちゃの
ベイクドチップス

材料（作りやすい分量・40×30cmの天板1枚分）

- **さつまいも** …… 小1本
- **かぼちゃ** …… 小1/8〜1/6個（正味）
- **オリーブオイル** …… 適量
- **塩** …… お好みで

作り方

1 さつまいもとかぼちゃはスライサーで5mm厚さの薄切りにする。ボウルにたっぷりの水を張り、さつまいもを入れて5分ほどさらす。

2 乾いたふきんの上にさつまいもを並べ、上にもふきんをのせて水気をよく拭く。かぼちゃは水気が出ていたらふきんで拭き取る。オーブンを170℃に温めはじめる。

3 天板にオリーブオイルをぬり、さつまいもとかぼちゃを並べてオーブンに入れ、15〜20分焼く。

4 さわってみてカリッとしていたら取り出し、器に盛って好みで塩をふる。

> 今日はどれにする?

楽しみが広がる
フレーバーソルト & シュガー

チップスやフリットは合わせるフレーバーによって
がらりと印象が変わります。好みの味を見つけて。

チリペッパーソルト

シャープな辛みで
ポテトの味をビシッと締めて。
大根や玉ねぎに。

チリペッパーと塩を4:1の割合で混ぜる。

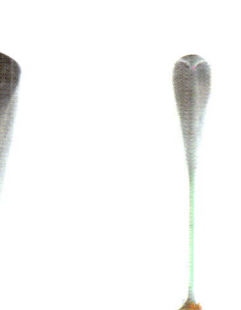

RECOMMENDED VEGETABLES 大根 & 玉ねぎ

ジンジャーシナモン

にんじんやごぼうなど、
土の香りがする野菜と
相性抜群。
りんごや柑橘とも合う味。

ジンジャーパウダーとシナモンパウダーを1:2の割合で混ぜる。

RECOMMENDED VEGETABLES にんじん & ごぼう

カレーソルト

チップスもフリットもOK

チップスでもフリットでも。
万能のパンチのきいた味。
ビールいっとこう！

カレー粉と塩を4:1の割合で混ぜる。

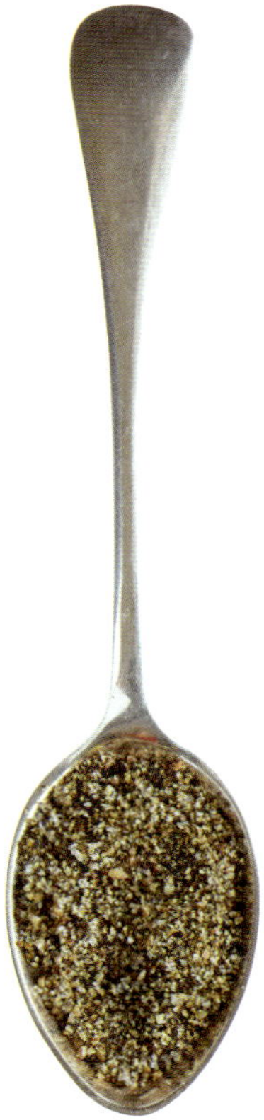

ブラックペッパーソルト

つかみのいい、
ワイルドな刺激。
厚切りや波形チップスに。

粗びき黒こしょうと塩を4:1の割合で混ぜる。

RECOMMENDED CUT 厚切り & 波形チップス

コリアンダーシュガー
—
スーッと青い
清涼感×甘みで大人味。
ゴーヤーと合わせて
魅惑のおいしさ。
さつまいもとも絶妙。

コリアンダーパウダーときび砂糖を
4：1の割合で混ぜる。

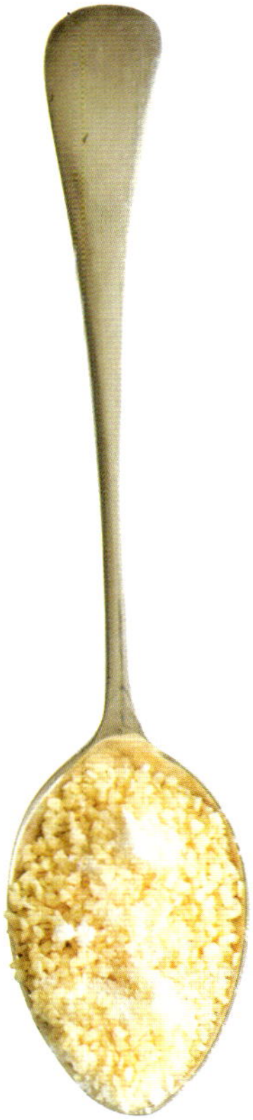

パセリビネガー
—
ほんのりした酸味と
ハーブが香る、
さわやかな軽さ。

刻んだイタリアンパセリ大さじ1、
塩小さじ1/4、ビネガー小さじ1/8を
混ぜる。

ガーリックソルト
—
やっぱりこれでしょ！
つまみチップスのテッパン味。

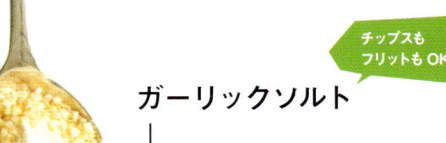

ガーリックパウダーと塩を
4：1の割合で混ぜる。

チーズソルト
—
禁断のおいしさ。
あとを引きます。

粉チーズと塩を1：1の割合で混ぜる。

COLUMN

チップスに使う塩は

粒子が細かく、サラサラとした塩が向いています。僕が使っているのは「モティア・サーレ・インテグラーレ・フィーノ」というイタリアの塩。細粒加工がしてあり、チップスにもなじみやすいです。日本の塩なら「焼き塩」加工をしているものがおすすめ。粒の大きいものをミルでひいて細かくしてもいいですね。

> やめられない魅惑の味

おいしさが広がるディップ

チップスがあるからディップがうまいのか、
ディップがあるから、
チップスに手が伸びるのか。
どっちにしてもうまい。

シナモンケチャップ

フレンチフライを揚げた日にはぜひ。
シナモンを入れただけなのに、
ぐっと大人の、本格的な味わいに。

材料（作りやすい分量）

- トマトケチャップ ⋯⋯ 大さじ2
- シナモンパウダー ⋯⋯ 小さじ1/4

作り方

1 ボウルにケチャップとシナモンを入れて混ぜ合わせる。

いわしとコーヒーのディップ

みんな驚くけれど、
「おいしい！」と一番人気。
グリルで焼いたいわしの香ばしさや苦みと、
コーヒーの苦みがマッチ。

材料（作りやすい分量）

- いわし（はらわたを除いたもの） ⋯⋯ 3〜4尾
- バター ⋯⋯ いわしの重量の25%
- 塩 ⋯⋯ いわしの重量の1%
- コーヒーの粉 ⋯⋯ 少々

作り方

1 いわしは魚焼きグリルの弱火で両面をじっくり焼き、頭と骨を取り除く。

2 重量をはかり、いわしの重さに合わせてバターと塩を用意する。フードプロセッサーにすべての材料を入れ、ピュレ状になるまで攪拌する。

豆腐とメイプルシロップのマヨネーズ風味

ほんのり甘く、なめらかで
チップスの味を引き立てます。
しょうゆやにんにくをかくし味に。

材料（作りやすい分量）

- 豆腐（木綿） ⋯⋯ 300g
- オリーブオイル ⋯⋯ 60ml
- メイプルシロップ ⋯⋯ 大さじ1
- ワインビネガー ⋯⋯ 大さじ1
- マスタード ⋯⋯ 小さじ1
- 塩 ⋯⋯ 小さじ1
- しょうゆ ⋯⋯ 小さじ1
- にんにく ⋯⋯ 少々

作り方

1 豆腐はペーパータオルに包んで15分ほどおき、水気をきる。

2 フードプロセッサーにすべての材料を入れ、なめらかになるまで攪拌する。

ゴルゴンゾーラと
くるみはちみつディップ

青かびチーズとはちみつの、
黄金の組み合わせ。
くるみの香ばしさと、
チップスの食感が絶妙のバランス。

<u>材料（作りやすい分量）</u>
- ゴルゴンゾーラ ⋯⋯ 30g
- クリームチーズ ⋯⋯ 30g
- くるみ
  （殻をはずしたもの）⋯⋯ 大さじ2
- はちみつ ⋯⋯ 大さじ1
- 豆乳 ⋯⋯ 大さじ1
- 粗びき黒こしょう ⋯⋯ 少々

<u>作り方</u>

1 ゴルゴンゾーラとクリームチーズは室温にもどす。くるみはフライパンに入れ、弱火で5分いり、粗熱を取る。

2 1とはちみつ、豆乳を混ぜ合わせ、容器に入れて冷蔵庫で冷やす。食べる直前にこしょうを上から散らす。

アボカドとレモンのディップ

じゃがいもチップス×アボカドディップ、
野菜どうしの組み合わせ。
コクがあるのに軽やか。

<u>材料（作りやすい分量）</u>
- アボカド ⋯⋯ 3個
- 玉ねぎ ⋯⋯ 1/8個
- 水 ⋯⋯ 大さじ1
- レモンのしぼり汁 ⋯⋯ 小さじ2
- 塩 ⋯⋯ 小さじ1/4

<u>作り方</u>

1 玉ねぎはみじん切りにする。アボカドはぐるりと切り目を入れて二つに割り、種を取ってスプーンで中身を取り出す。

2 ボウルにアボカドと分量の水を入れてフォークの背などでつぶし、ペースト状になったら、玉ねぎとレモンのしぼり汁を加えて混ぜ合わせる。

3 味見をしながら塩を加え、混ぜ合わせる。

えびとマスカルポーネのディップ

ミルキーなマスカルポーネに、
えびのうまみが加わって
あとを引く味。ピスタチオがアクセント。

<u>材料（作りやすい分量）</u>
- マスカルポーネ ⋯⋯ 250g
- えび
  （殻つき・ゆでたもの）⋯⋯ 200g
- ピスタチオ
  （殻をはずしたもの）⋯⋯ 20g
- 塩 ⋯⋯ 小さじ1/2〜1
- こしょう ⋯⋯ 適量

<u>作り方</u>

1 えびは殻を取ってみじん切りにする。ピスタチオは薄皮をむき、粗いみじん切りにする。

2 マスカルポーネをボウルに入れ、1と混ぜ合わせ、塩、こしょうで調味する。

MEMO マスカルポーネは、使う直前に冷蔵庫から出す。

＊すべて冷蔵庫で3日間保存可能。

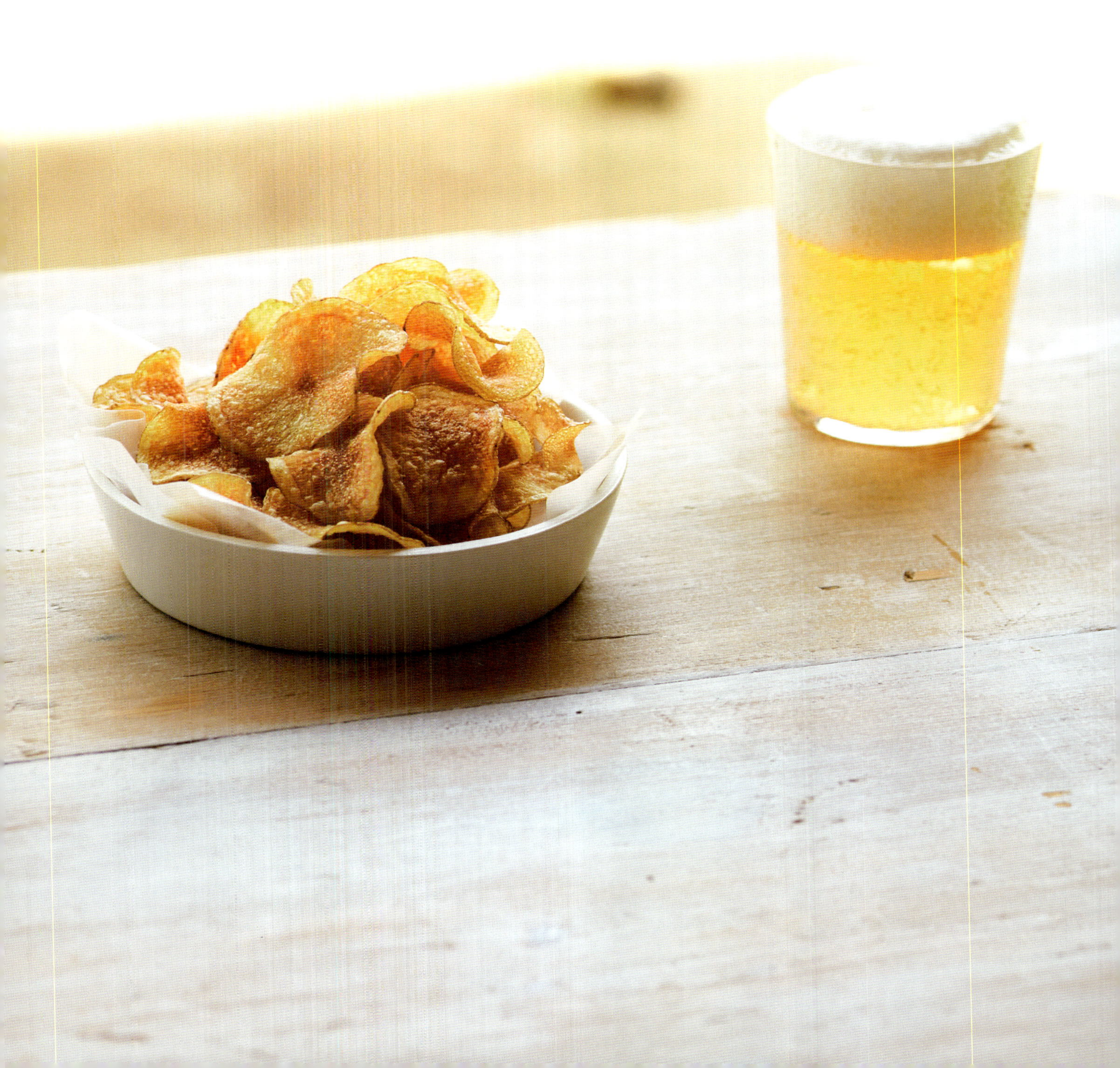

チップスに合わせるお酒のこと

みんなが集まる日は「とりあえず、チップス」。
スターターにぴったりで、「もう1品食べたい」というときの救世主にもなる。
合わせるお酒はやっぱりビール、そしてスパークリング！

いろいろなシーンでチップスを揚げますが、「友達を呼んで家で飲もう」という日もよく作ります。スターターとして用意しておけば、ほかの料理を余裕を持って作れるし、男性にも女性にもウケがいい。さつまいもやビーツのチップスは、ひらひらとした形も華やかで、食卓が盛り上がります。

おすすめのビール

常陸野ネストビール

日本酒の老舗醸造元、木内酒造が手がけるビール。良質な井戸水と、本場イギリスやベルギーの原料を使い、十数種類のビールを造る。うちの定番はすっきりと軽快な味の「バイツェン」。ちょっと濃いめの料理との相性もいいので、ディップonチップスの日に。330ml

おすすめのワイン

FONTANA FREDDA Asti

フォンタナフレッダ アスティ・スプマンテ

フレッシュなマスカットの香りと、甘くさわやかな飲み口。甘口のスプマンテとして世界中で親しまれている。甘みがあって素朴な味わいのものとの相性は抜群！ 野菜やフルーツチップスと合わせると、素材の自然な甘みも引き立ってくる。750ml

BELLENDA PROSECCO Valdobbiandene Brut

ベッレンダプロセッコ ヴァルドッビアーデネ ブリュット

きりっと辛口で、飲み心地のいいスパークリングワイン。華やかな香りが特徴。ベネト州特産のぶどうを使用。チップスを食べたあとも、キレよくさわやか。750ml

PART 3
フルーツのチップス —ベイクド

いちごのチップス — 甘みやうまみだけでなく、
それぞれの香りも封じ込めたようなチップス。
ベイクドチップスは形がきれいに残るのもお楽しみ。

➲ 作り方 p.52

いろいろフルーツのチップス

さくさくのりんご。甘いバナナはもっと甘く、
キーウィの酸味はきゅっとせつなく、
パイナップルはおおらかに変化。

➡ 作り方 p.52

シトラスチップス
—
柑橘チップスは一度に何種類も焼いて楽しみたい。
果肉の粒の大きさや、味わいの個性に
こんなに違うのか！と驚きが。

➡ 作り方 p.52

フルーツチップスの作り方

> 水分と糖分が多いフルーツチップスは、加熱しているうちにどうしても褐変してしまう。でも、試行錯誤のうちに気がついた。これでいいじゃないか。ところどころ、糖分があめのようになっていて、味が濃い。甘みも、酸味も、苦みすらもくっきりして、せまってくる。

作り方

1 切る

つぶれないよう、素早くスライス。

じゃがいも同様、スライサーで3mm厚さに切る。素早くリズミカルに刃に当てるときれいに切れる。

引っかかりやすいへたを取る。

いちごやキーウィはへたがスライサーの刃に引っかかるので、あらかじめ切り落とす。

2 水気を取る

ペーパーに汁気を吸わせる。

甘い汁が残っていると、茶色く変色したり、焦げやすくなる。ペーパータオルを押し当て、しっかりと吸い取る。

3 焼く

110℃で40〜60分焼く。

天板にシリコン製のオーブンシートを敷き、フルーツを並べる。様子を見ながら途中で一度上下を返す。水分が残っていたら追加で加熱する。さわってみて、からりと乾いて軽くなっていたらOK。完全に冷めるまで焼き網などの上で乾かす。

フルーツベイクドチップスの材料

(作りやすい分量・40×30cmの天板1枚分)

いちごのチップス

色も形も愛らしい、いちごのチップス。
きゅっと味が濃くなって、甘みも酸味も立ってきます。

- いちご……6〜7個

＊下準備　へたを切り落としてスライサーで3mm厚さに切る。

バナナのチップス

どうしてこんなにいい香りなんだろう。
南国フルーツらしい濃厚な持ち味が際立ちます。

- バナナ……1本

＊下準備　へたを切り落として皮をむき、スライサーで3mm厚さに切る。

りんごのチップス

ひらひらとはかなげな形。ぐっときませんか。
チップスにしてもシャキシャキさわやか。

- りんご……1個

＊下準備　皮をよく洗い、スライサーで横に3mm厚さに切る。種は取り除く。

キーウィフルーツのチップス

さわやかな酸味がクセになるおいしさ。
黄色い種類と緑の種類、微妙に味が違うからおもしろい。

- キーウィフルーツ（緑、黄）……各1個

＊下準備　へたを切り落として皮をむき、スライサーで3mm厚さに切る。

パイナップルのチップス

形はそのままに、水分が抜けたフォルムがおもしろい。
おいしさももちろん、凝縮です。

- パイナップル（輪切り）……3〜5cm

＊下準備　縦に2等分してから、スライサーで3mm厚さに切る。

シトラスチップス

好みのものを何種類かそろえて、ぜひ食べ比べを。
甘みが増すもの、ほろ苦さが光るもの、キュンと酸っぱいものなど個性的。

- 柑橘（国産・有機無農薬栽培のもの）……各1個（2〜3種類）

＊下準備　よく洗い、スライサーで5mm厚さに切る。
MEMO　ここでは「はるか」「紅甘夏」「サマーキング」「サンフルーツ」などを使用。

フルーツチップスの保存法

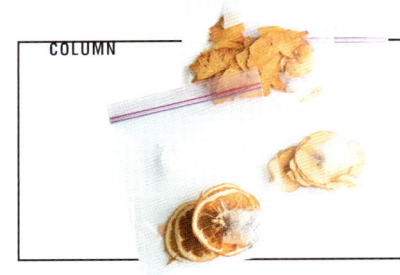

COLUMN

保存はジッパーつきポリ袋で

完全に冷めて乾いたら、ジッパーつきポリ袋に入れて保存します。シリカゲルなどの除湿剤を入れておくと安心。冷蔵庫で1週間程度保存可能。

しけてしまったら？

フルーツチップスは油で揚げていないので、酸化がゆるやか。風味の変化が少なく、もう一度焼いて水分をとばせば、おいしさが復活。110℃のオーブンで10〜20分焼きます。

フルーツチップスを使って

フルーツチップスはそのまま食べるのはもちろん、
ヨーグルトやシリアルに散らしたり、
トッピングにしてもおいしい。

リコッタパンケーキ
バナナとりんごチップス添え

メレンゲ入りのふわふわパンケーキには、
こっくり甘いバナナとさわやかりんごを。

➡ 作り方 p.57

モッツァレラチーズと
フルーツのシトラスチップスのせ

とびきりミルキーなチーズは、
シトラスチップスがアクセントに。

▶ 作り方 p.57

**ポークソテー
キーウィチップスのせ**
—
チップスのぎゅっと詰まった
うまみが、味に奥行きを出します。

**いちごチップスのせ
クレソンのサラダ**
—
いちごチップスは、生のいちごと
クレソンの味のまとめ役。

材料と作り方 (すべて2人分)

リコッタパンケーキ バナナとりんごチップス添え

- 生地
  - 室温にもどした
    - リコッタチーズ …… 130g
  - 薄力粉 …… 80g
  - 豆乳 …… 80ml
  - 卵 …… 2個
  - ベーキングパウダー …… 小さじ1/2
  - 塩 …… ひとつまみ
- オリーブオイル …… 適量
- バナナチップス、りんごチップス …… 各適量
- ハニーリコッタ
  - リコッタチーズ …… 70g
  - はちみつ …… 20g
- ミントの葉 …… 適量
- 粉糖 …… 適量

1 卵を白身と黄身に分け、豆乳と黄身を混ぜ合わせ、粉類をふるって加える。生地のリコッタチーズとはちみつを混ぜ合わせて入れ、さっくりと混ぜ合わせる。白身はピンと泡立て、4回に分けて加え、そのつど泡をつぶさないよう混ぜる。オリーブオイルで両面を焼き、ハニーリコッタ、チップスをのせ、粉糖をかける。ミントを飾る。

モッツァレッラチーズとフルーツの シトラスチップスのせ

- モッツァレッラチーズ（あればブッラータ） …… 1個（150g）
- 柑橘（オレンジ、「はるか」など） …… 1個
- ミニトマト …… 100g
- 柑橘チップス …… 適量
- 塩、こしょう …… 各適量
- オリーブオイル …… 適量
- ミントの葉 …… 適量

1 チーズとミニトマトは食べやすく切る。柑橘は厚い皮をむいて8等分に切る。皿に盛り、塩、こしょう、オリーブオイルをふって柑橘チップスを散らし、ミントを飾る。

ポークソテー キーウィチップスのせ

- 豚ロース肉（常温にもどしたもの） …… 300g
- A
  - 白ワイン …… 1/2カップ
  - 白ワインビネガー …… 小さじ2
  - 粒マスタード …… 小さじ2
- オリーブオイル …… 小さじ2
- バター …… 小さじ1
- キーウィフルーツチップス …… 適量
- ローズマリーの枝 …… 適量

1 器にAを混ぜる。オリーブオイルで豚肉をソテーし、やや早めに火を止めてアルミホイルで包んで余熱で中まで火を通す。肉汁が残っているフライパンにAを入れ、1/4量になるまで煮つめ、バターを加える。肉を切って器に盛り、ソースをかけてチップスをのせ、ローズマリーをのせる。

いちごチップスのせ クレソンのサラダ

- クレソン …… 1束
- いちご …… 6個
- バルサミコ酢 …… 小さじ1
- 塩、こしょう …… 各適量
- オリーブオイル …… 適量
- いちごチップス …… 適量

1 クレソンはオリーブオイルをかけ、塩、こしょうをふる。いちごにバルサミコ酢をかける。それぞれを器に盛り、いちごチップスを散らす。

PART 4
フリット

ナチュラルカットの ― くし形に切りそろえた「ナチュラルカット」は、
フレンチフライ 　ほくほく感が身上。
　　　　　　　　　　表面が茶色く色づくまでしっかり揚げて。

　作り方 p.62

シューストリングの
ハーブガーリックポテト

ローズマリーのほか、
セージなどのハーブを入れても。
揚げたハーブはくずしてポテトにまぶして。

↪ 作り方 p.62

極細カットのフレンチフライ

[チリペッパー風味]

極細フライはくずれやすいので、粘性の高い種類の
じゃがいもで作りたい。強力粉をまぶすとよりクリスピー。

↪ 作り方 p.62

ストレートカットのフレンチフライ
[カレー風味]

「もういいかな？」と思ってから、一呼吸。
かさっと軽くなるまで揚げると、おいしさアップ。

⊙ 作り方 p.62

フレンチフライの作り方

太さによって、
「あれ〜？ こんなに味が違うの？」と
びっくりするのが、フレンチフライ。
ホクホク系か、サクサク系か、
じゃがいもの種類に凝ってみる……と、
これまた驚き。奥深いなあ、おまえ。

1 切る→油で揚げる

ポテトチップスよりさらにシンプル。
細いものは、強力粉をまぶすとさっくり。

2 温度は低めスタート

冷たい油を注いでから火にかけ、じっくりと加熱して、
うまみ（アミノ酸）を増やす。

じゃがいもに冷たい油を注ぐ。にんにくやハーブを入れると、じゃがいもに風味が移って味わい深くなる。

straight cut gokuboso

3 太さによって味わいも変化

「ストレートカット」は、1cm角に切ったもの。「シューストリング」は
1辺が7〜8mmのもの。「極細」は、せん切り（1辺が3mm）くらいの太さ。

COLUMN

どの種類のじゃがいもを選ぶ？ じゃがいもの品種をちょっとおさらい

じゃがいもの種類と特徴については、p.18を参照。ちょっとおさらいをすると、究極のホクホク系は「キタアカリ」。ナチュラルカットのフレンチフライ、ぜひこの品種で作ってみてください。ホロッと口の中でとろけます。ホクホク感とカリッと感のバランスがいいのが「北海黄金」。ホクホクでありながらくずれにくいのでストレートカットのフライ向き。「男爵」、「インカのめざめ」もナチュラルカットやストレートカットでおいしい品種です。シューストリングくらいの細さになると、ホクホク感よりカリカリ感を追求。身が引き締まった「メークイン」、「ピルカ」がおすすめ。

ナチュラルカットの フレンチフライ

ホクホクのフライを食べたいときにはこの切り方で。
揚げ上がりに強火にして、
油のきれをよくします。

- じゃがいも
  （キタアカリ、男爵など）……400g
- 強力粉……大さじ2
- 揚げ油……適量
- 塩、こしょう……各適量

1 じゃがいもは12〜16等分のくし形に切る。ふきんで包み、水気を取り、ポリ袋に強力粉とともに入れ、空気を吹き込んで口を閉じ、上下に振って粉をまぶす。

2 鍋に1のじゃがいもを入れ、かさの半分程度の高さまで油を注ぎ、弱めの中火で加熱し、ときどき混ぜながら揚げる。

3 油の気泡が小さくなり、じゃがいもの縁に透明感が出てきたら、竹串を刺す。スーッと通ったら強火にし、色よく、カサッとするまで揚げる。ざるに上げ、塩、こしょうをふる。

フレンチフライの材料と作り方 （作りやすい分量）

極細カットの
フレンチフライ
|
パリパリの香ばしさのあと、
サクッと口の中で
消えていく極細ポテト。
家でしか楽しめないおいしさ。

- じゃがいも
  （メークイン、ピルカなど） …… 400g
- 強力粉 …… 大さじ2
- 赤唐辛子 …… 1本
- 揚げ油 …… 適量
- 塩、こしょう …… 各適量

1 じゃがいもは皮をむいて3〜4cm長さ、3mm角の棒状に切る。ふきんで包み、水気を取り、ポリ袋に強力粉とともに入れ、空気を吹き込んで口を閉じ、上下に振って粉をまぶす。

2 鍋に1のじゃがいもを入れ、かさの半分程度の高さまで油を注ぎ、唐辛子を入れて弱めの中火で加熱し、ときどき混ぜながら揚げる。

3 油の気泡が小さくなり、じゃがいもの縁に透明感が出てきたら、竹串を刺す。スーッと通ったら強火にし、色よく、カサッとするまで揚げる。ざるに上げ、塩、こしょうをふる。

シューストリングの
ハーブガーリックポテト
|
オイルにハーブと
にんにくを入れて揚げると
香りがしみ込んで最高！
ビールが俄然おいしくなります。

- じゃがいも
  （メークイン、ピルカなど） …… 400g
- 強力粉 …… 大さじ2
- にんにく …… 1かけ
- ローズマリー …… 2〜4枝
- 揚げ油 …… 適量
- 塩、こしょう …… 各適量

1 じゃがいもは皮をむいて7〜8cm長さ、7〜8mm角の棒状に切る。ふきんで包み、水気を取り、ポリ袋に強力粉とともに入れ、空気を吹き込んで口を閉じ、上下に振って粉をまぶす。

2 鍋に1のじゃがいもとにんにく、ローズマリーを入れ、かさの半分程度の高さまで油を注ぎ、弱めの中火で加熱し、ときどき混ぜながら揚げる。

3 油の気泡が小さくなり、じゃがいもの縁に透明感が出てきたら、竹串を刺す。スーッと通ったら強火にし、色よく、カサッとするまで揚げる。ざるに上げ、塩、こしょうをふる。

ストレートカットの
フレンチフライ
[カレー風味]
|
たくさん揚げて、思う存分
食べたくなる、直球のおいしさ。
ビネガーやマスタードもよく合います。

- じゃがいも
  （キタアカリ、男爵など） …… 400g
- 揚げ油 …… 適量
- フレーバーソルト
  （カレーソルト） …… 適量

※フレーバーソルトの作り方はp.42参照

1 じゃがいもは皮をむいて5〜6cm長さ、1cm角の棒状に切る。ふきんで包み、水気を取る。

2 鍋に1のじゃがいもを入れ、かさの半分程度の高さまで油を注ぎ、弱めの中火で加熱し、ときどき混ぜながら揚げる。

3 油の気泡が小さくなり、じゃがいもの縁に透明感が出てきたら、竹串を刺す。スーッと通ったら強火にし、色よく、カサッとするまで揚げる。ざるに上げ、フレーバーソルトをふる。

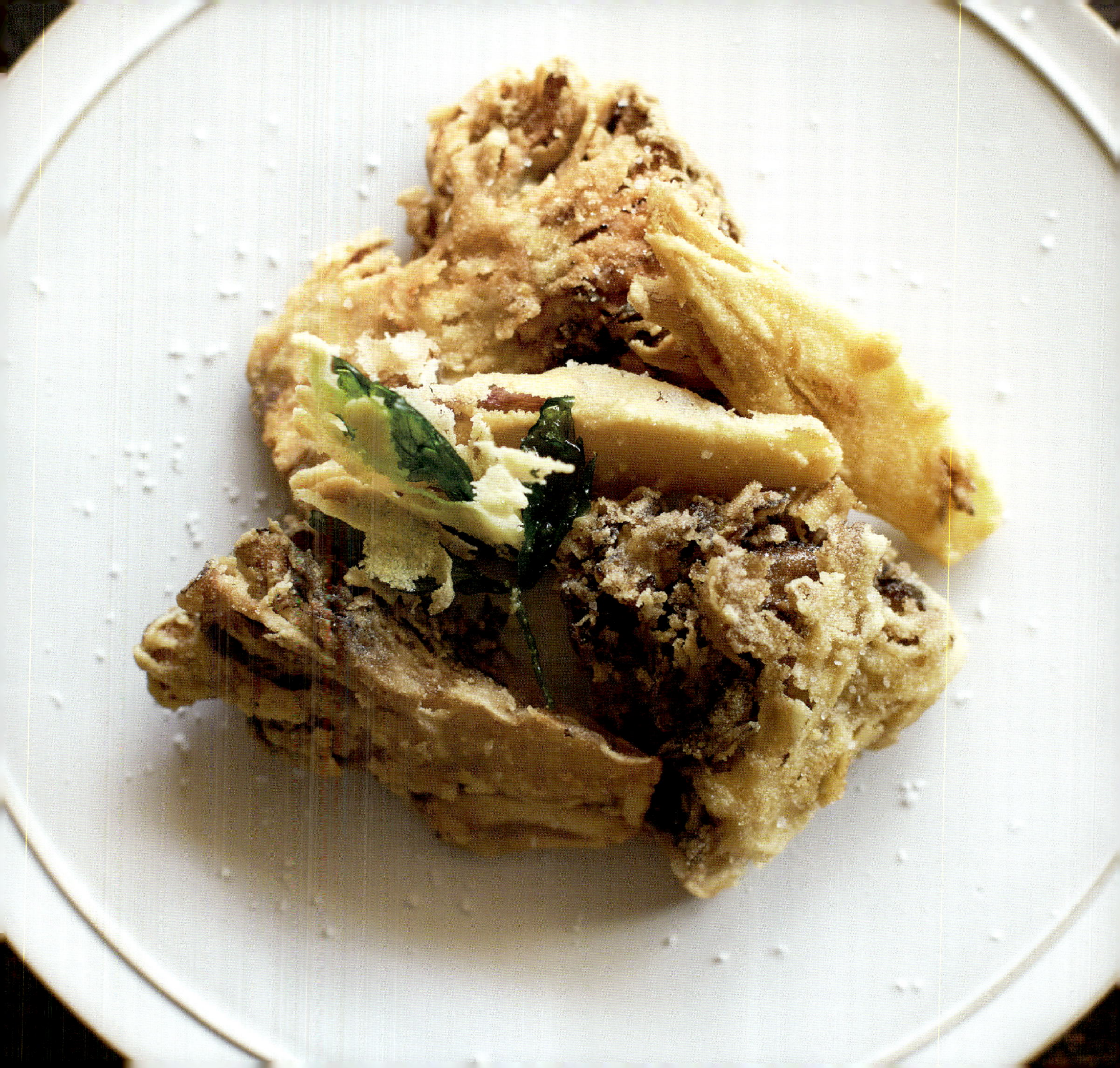

まいたけのセモリナフライ

ざくざくと粗い衣をまとったまいたけは、
中身はジューシー。ギャップがたまらない！

材料（作りやすい分量）

- まいたけ …… 好きなだけ
- みょうが …… 好きなだけ
- バジルの葉 …… 好きなだけ
- 豆乳 …… 適量
- セモリナ粉 …… 適量
- 揚げ油 …… 適量
- 塩 …… 適量

作り方

1 みょうがは縦半分に切る。まいたけは食べやすい大きさに切る。バットにセモリナ粉をたっぷり入れる。ボウルに豆乳を入れる。

2 みょうがとまいたけ、バジルを順に豆乳にくぐらせ、セモリナ粉を押しつけるようにまぶす。

3 鍋に揚げ油を深さ3cmほど注ぎ、170℃に熱する。2を入れて色よく揚げ、バットに上げて油をよくきる。器に盛り、塩をふる。

ズッキーニの花フリット

イタリアでポピュラーな
花つきズッキーニのフリット。
繊細な花の部分はレタスにも似て、
みずみずしくやわらかい食感。

材料 (2人分)

- 花ズッキーニ …… 6個
- モッツァレッラチーズ …… 60g
- アンチョビー …… 10g
- 薄力粉 …… 30g
- 片栗粉 …… 20g
- 炭酸水 …… 60mℓ
- 揚げ油 …… 適量
- 塩、こしょう、オリーブオイル …… 各適量
- レモンのくし形切り …… 適量

作り方

1 アンチョビーはみじん切りにする。チーズは包丁の背などでつぶして1.5～2cm大にする。花ズッキーニの中のおしべとめしべを取る。薄力粉と片栗粉を合わせてふるう。炭酸水を冷やす。

2 ボウルにアンチョビーとチーズを入れてよく混ぜ合わせ、6等分する。花ズッキーニの花の中に詰め、花の先をねじって閉じる。

3 大きなボウルに氷水を入れ、その上に一回り小さいボウルを重ねる。粉類と炭酸水を入れ、泡立て器でだまがなくなるまで混ぜ合わせる。

4 鍋に揚げ油を深さ2cmほど注ぎ、170℃に熱する。花ズッキーニに**3**の衣をしっかりまとわせて入れ、カリッとするまで揚げる。バットに上げて油をよくきる。器に盛って塩、こしょう、オリーブオイルをふり、レモンをしぼる。

◀ 花つきズッキーニは、大きなスーパーや百貨店で販売されていることが多い。身の部分もやわらかく、ジューシーでおいしい。

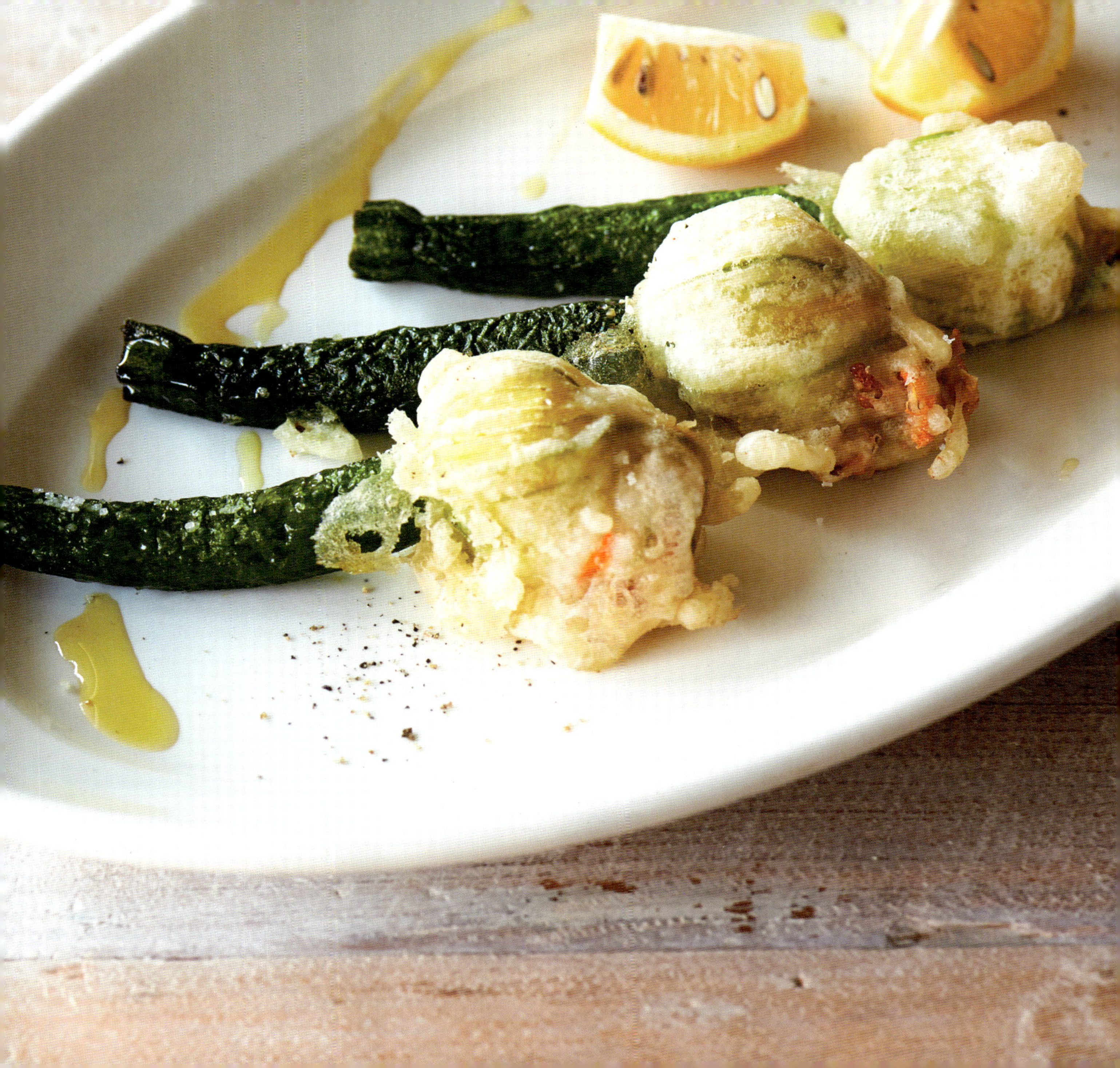

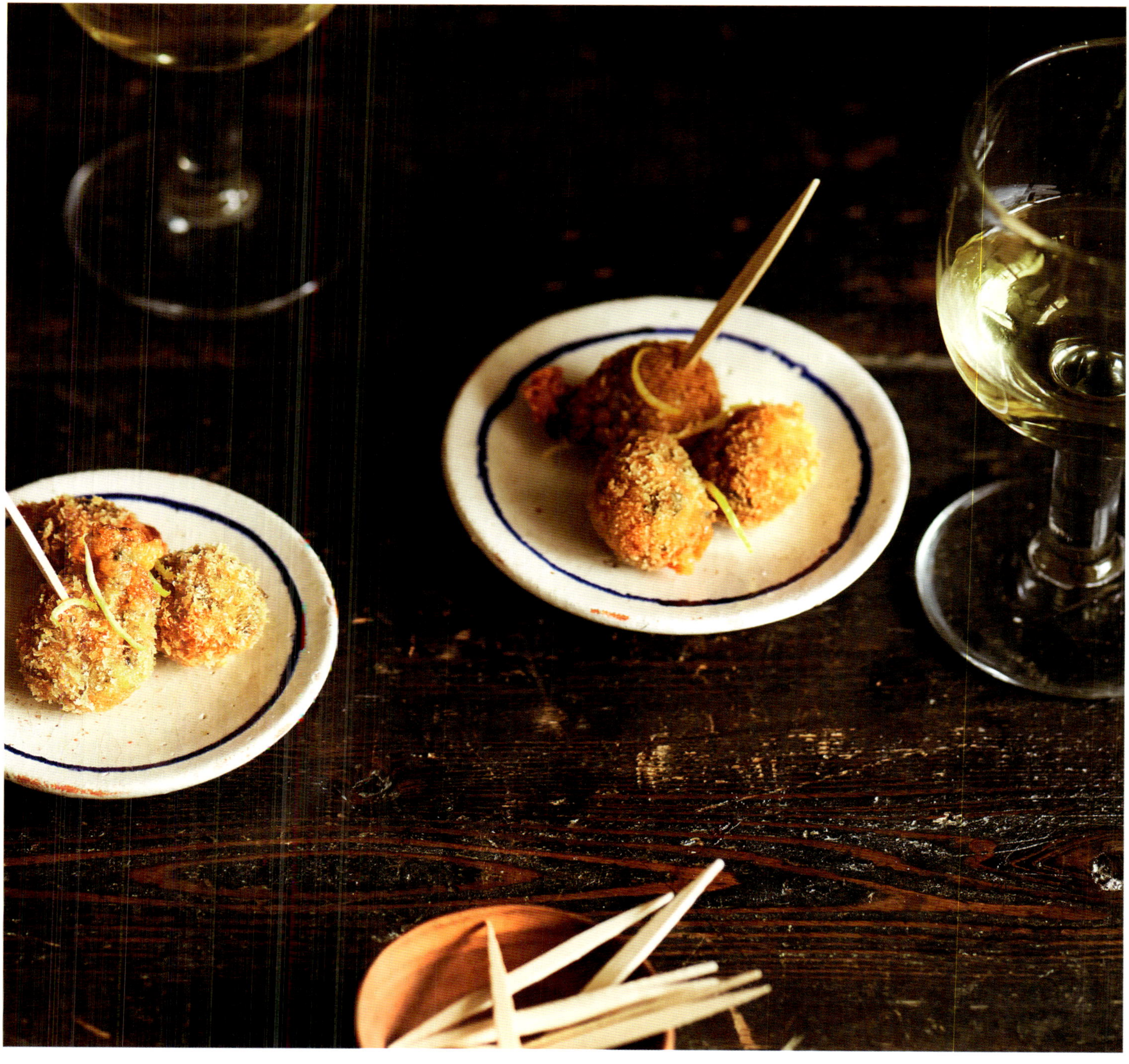

モッツァレッラチーズとオリーブのフリット

かみしめるたびにスープがしみ出し、
オリーブが香ります。
熱いうちにどうぞ。

材料（6個分）

- モッツァレッラチーズ …… 50g
- ブラックオリーブ …… 25g
- パルミジャーノ・レッジャーノ（すりおろす）…… 大さじ1
- 好きなドライハーブ（オレガノなど）…… ひとつまみ
- 卵白 …… 1個分
- パン粉 …… 適量
- 揚げ油 …… 適量
- 粗びき黒こしょう、レモンの皮 …… 適量

作り方

1 モッツァレッラチーズは包丁の背でつぶし、細かくちぎる。オリーブは種を取り、みじん切りにする。

2 ボウルに卵白を入れ、泡立て器でピンと角が立つまでかために立てる。パン粉をたっぷりバットに入れておく。

3 別のボウルにモッツァレッラ、オリーブ、パルミジャーノ、ドライハーブ、2の卵白を入れてさっくりと混ぜ合わせる。

4 3をティースプーンで一口分すくい取り、パン粉の入ったバットに落とし、軽く握りながら転がし、丸く形作る。

5 鍋に揚げ油を深さ3cmほど注ぎ、170℃に熱する。4を入れて色よく揚げ、バットに上げて油をよくきる。粗びき黒こしょうをふってレモンを散らす。

アランチーニ

トマト風味のライスコロッケ。
大麦を混ぜ、プチプチとした食感を楽しんで。

材料(4個分)

- 炊いた白米ご飯 …… 120g
- ゆでた大麦 …… 40g
- 市販のミートソース …… 80g
- 好みのチーズ …… 20g
- パン粉 …… 適量
- 揚げ油 …… 適量

作り方

1 パン粉はポリ袋に入れて軽く口を閉じ、上からめん棒を転がして粒子を細かくする。ボウルに炊いたご飯と大麦、ミートソースを入れて混ぜ、4等分する。

2 ラップの上に1を4等分してのせ、中心に4等分したチーズをのせる。口を締めて丸く形作り、ラップをはずしてパン粉をつける。

3 鍋に揚げ油を深さ3cmほど注ぎ、170℃に熱する。2を入れて色よく揚げ、バットに上げて油をよくきる。

◀ 大麦は15分ほどゆでて使う。プチプチとした食感が特徴

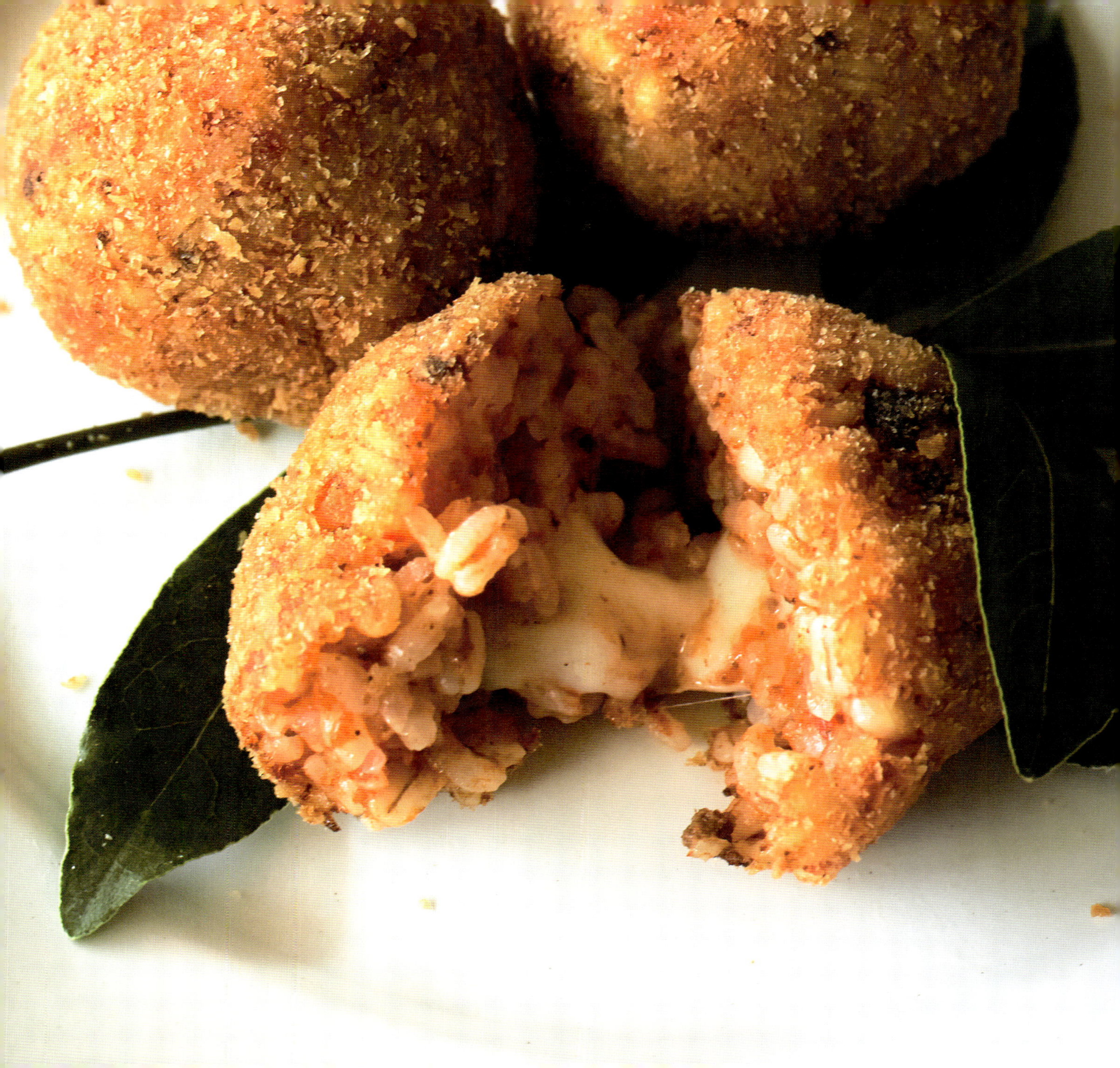

藤田承紀
Yoshiki Fujita

菜園料理家。イタリア・トスカーナ地方のレストラン「IL PELLICANO」や、ローマの老舗「AL CEPPO」にて伝統的なイタリア料理を学ぶ。イタリア各所の町やワイナリーを巡り、料理、ワイン、建築などイタリア文化全般への造詣を深めた。帰国後は「食卓に笑顔を」をモットーに料理家として活動を開始。自然農法、有機農法による野菜作りにも取り組み、直売所やレストランに出荷している。

アートディレクション……中村圭介（ナカムラグラフ）
ブックデザイン……樋口万里、井本菜津子（ナカムラグラフ）
撮影……宮濱祐美子
スタイリスト……池水陽子
校閲……山脇節子
編集……中村 円
　　　　田中 薫（文化出版局）

協力／オフィスK2M（村上 由、大澤麻美）
モンテ物産　http://www.montebussan.co.jp
貝印　http://www.kai-group.com
ル・クルーゼジャポン　http://www.lecreuset.co.jp
Citron et Citron（柑橘類）　http://citron-4-citronpetit.cc/

揚げる　焼く

野菜のチップス　果実のチップス

発　行　2014年8月5日　第1刷

著　者　藤田承紀
発行者　大沼 淳
発行所　学校法人文化学園 文化出版局
　　　　〒151-8524　東京都渋谷区代々木3-22-1
　　　　電話 03-3299-2485（編集）
　　　　　　 03-3299-2540（営業）
印刷・製本所　株式会社文化カラー印刷

©Yoshiki Fujita 2014　Printed in Japan
本書の写真、カット及び内容の無断転載を禁じます。

本書のコピー、スキャン、デジタル化等の無断複製は著作権法上での例外を除き、禁じられています。本書を代行業者等の第三者に依頼してスキャンやデジタル化することは、たとえ個人や家庭内での利用でも著作権法違反になります。

文化出版局のホームページ　http://books.bunka.ac.jp